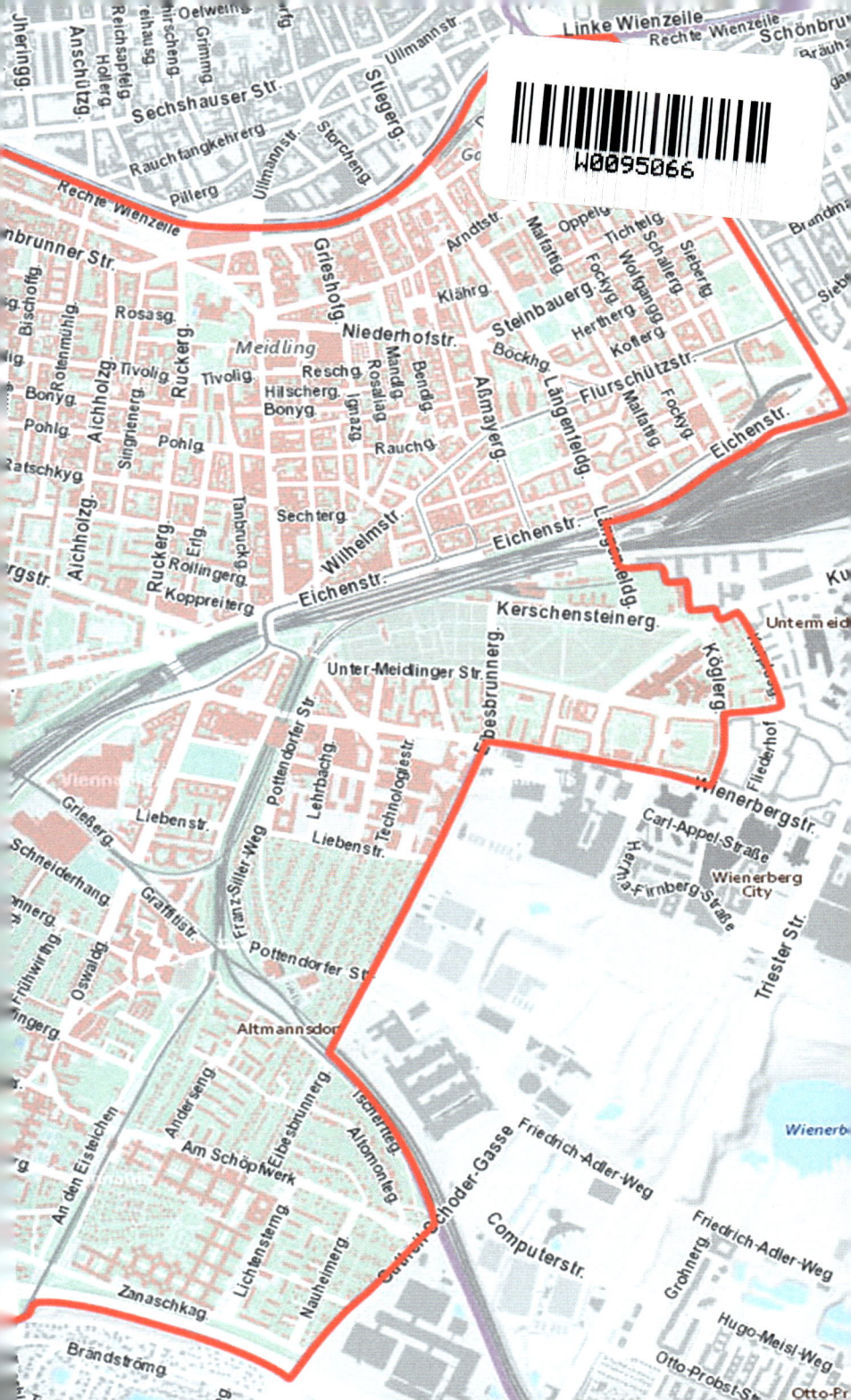

Meidling

Betrachtungen, Befürchtungen, Begehungen

Meidling

Betrachtungen, Befürchtungen, Begehungen

von
Erika Kronabitter
und Beppo Beyerl

Löcker

Gedruckt mit freundlicher Unterstützung der Kulturabteilung der Stadt Wien (MA7), Wissenschafts- und Forschungsförderung sowie der Kulturabteilung Meidling.

© Erhard Löcker GesmbH, Wien 2022
Herstellung: Prime Rate, Budapest
ISBN: 978-3-99098-115-3

Inhalt

3. Kapitel – So schaut's aus! Zustände und Tatsachen

4. Kapitel – No Mahlzeit! Einkehr- und sonstige Genüsse

Kaffeehausgenüsse

Wirtshäuser

5. Kapitel – Hawed'ehre! Persönlichkeiten und Leut

Autoren und Autorinnen aus Meidling und über Meidling

6. Kapitel – Und wie geht's weiter?
Blick in die Zukunft

Vorwort

Meidling ist ein Bezirk voller Kontraste – vom Gemeindebau zur Villengegend, vom Innere-Stadt-Feeling bis zur Kleingartensiedlung, von großer Industrie bis zur Stadtwildnis. Mein liebstes Beispiel für diese Gegensätze, die unseren Bezirk ausmachen, ist die Strecke Khleslplatzl – Schöpfwerk. In nur 250 Metern Entfernung prallen hier zwei Welten aufeinander. Der berühmte Gemeindebau »Am Schöpfwerk« mit dem großen Wohnturm auf der einen Seite, der letzte erhaltene Dreieck-Dorfanger Wiens auf der anderen Seite. Hier Gemeindebau-Flair, dort Dorfplatz-Atmosphäre.

Und genau das macht Meidling aus: Wir sind ein Bezirk der Vielfalt, nicht nur, was unsere Bezirksteile betrifft, sondern auch die Meidlingerinnen und Meidlinger selbst.

In diesem Buch wird beides vorgestellt – die Orte, bekanntere und unbekanntere, und die Menschen unseres Bezirkes, Berühmte und Vergessene.

Ich freue mich sehr, dass mit diesem Buch Meidling aus einer anderen Perspektive gezeigt wird als durch Zahlen und Daten. Lernen Sie Meidling (neu) kennen – mit allen Ecken und Kanten.

Bezirksvorsteher Ing. Wilfried Zankl

Einleitung

Freilich wissen wir, dass der Bezirk aus den fünf bekannten Dörfern zusammengefügt wurde, dazu kommen noch zwei lokale Sonderfälle – Wilhelmsdorf und Neumargareten. Bei unseren Gesprächen mussten wir feststellen, dass es kaum mehr Bindungen zu den ehemaligen Dörfern gibt: Niemand würde behaupten, er oder sie sei aus Gaudenzdorf. Leider mussten wir bei vielen JungmeidlingerInnen – ob jetzt Inländer oder Ausländer – auch konstatieren, dass die historischen oder emotionalen Bezüge zu den Gemeindebauten nicht vorhanden sind. Was? Liebknechthof? Noch nie gehört. Und die betreffenden Personen bewohnten den Liebknechthof!

Kontakte erfolgen heute eben nicht mehr über die Grätzlbildung, sondern selektiv: Nach Beruf, ethnischer Herkunft oder privaten Vorlieben.

Doch »Meidling« blieb als Identifikationssymbol erhalten. Mit »Ich komme aus Meidling« kann man auch in transarlbergischen Gebieten aufhorchen lassen. Und manche wissen sogar über das spezielle Meidlinger L Bescheid. Sie können es, sollten sie aus deutschen Gebieten kommen, aber nur mit fehlerhaftem Zungenschlag unzureichend artikulieren.

Wir haben deshalb unser Meidlinger Buch nicht nach den historischen Orten gegliedert, sondern nach spannenden Themen, nach persönlichen Begegnungen, oder auch nur nach Zufällen, die sich allesamt in Meidling ereignet haben. Und wir streben auch nach keiner Erfassung der Totalität aller Meidlinger Erscheinungen, dazu sind wir einfach viel zu subjektiv.

Apropos subjektiv. Vielleicht kommt nach der epidemischen Krise und der wohl auch auf uns zukommenden Klimakrise etwas ganz Aufregendes und Spannendes: Der Rückgriff ins Lokale. Nein, nicht in die Wirtshäuser, sondern die Neuentdeckung der lokalen Möglichkeiten, die Rückbesinnung auf die nähere Wohnumgebung. Manche unserer Bekannten begaben sich im letzten Jahr »auf die Reise«, um ihr Grätzl zu fotografieren, um Fassaden der Häuser zu studieren, um bei einem abgerissenen Haus die Vorgeschichte zu erforschen.

Um diesen Trend zu unterstützen, haben wir dieses Buch geschrieben. Wir, das sind eine Zuagraste aus den transarlbergischen Gebieten, zu denen wir gesamthaft Vorarlberg sagen, und einer, der sich selbstironisch als Zentralmeidlinger bezeichnet – im Wissen, dass es Zentralmeidling gar nicht gibt. Und dessen böhmischer Großvater eine Autospenglerei in der Längenfeldgasse ... aber diese und weitere Geschichten erzählen wir im vorliegenden Buch.

PS
Die Texte in Ich-Form stammen entweder von Beppo Beyerl oder Erika Kronabitter. Die restlichen Texte wurden von uns beiden gemeinsam recherchiert und von Beppo Beyerl aufgezeichnet.

Meidling, Frühling 2022

Erika Kronabitter, Beppo Beyerl

1. Kapitel

Auf geht's!
Bezirkserkundungen

Meidlinger Platzl, Blick auf das Wappenhaus

Das Wappenhaus

Das Wappenhaus auf dem Cover unseres Buches sollte man auf Grund seiner Lage und seiner Bauweise als eines der wichtigsten Gebäude des Bezirkes bezeichnen. Wie alle wertvollen Bauten kann man das zwischen 1955 und 1957 errichtete Haus von verschiedenen Aspekten aus betrachten:

Einmal vom »Meidlinger Platzl«, dem lokalen Rummel- und Bummelplatz, auf dem noch vor ein paar Jahren die an südliche Gefilde erinnernden Kaskaden des Architekten Boris Podrecca sprudelten.

Sodann aus bezirksspezifischer Perspektive, die eine eigenartige fast widersprüchliche Mixtur zeigt. Gen Westen die langen horizontalen Balkone. Und am schmäleren Streifen gen Osten die Wappen jener Dörfer, die 1892 zu einem Bezirk zusammengefasst wurden, der Meidling heißen sollte.

Die Wappen stehen – von oben nach unten – für Ober-Meidling (zwei Wappen), Unter-Meidling (ebenfalls zwei Wappen), Gaudenzdorf, Hetzendorf (die Wappen beider Dörfer wurden zu einem Mosaik zusammengefasst), Altmannsdorf und Neumargarten: Also erkennt man insgesamt sechs Wappen.

Und zum dritten aus architektonischer Sicht. Wir zitieren den Falter vom 25. 11. 2021 (Falter.morgen#211): »Das hohe penthouse mit seinem weit auskragenden, italienisch anmutenden Dach versprüht mitten in Wien ein Lebensgefühl von la dolce vita«. Wer das nicht glaubt, möge am »Platzl« drei Runden drehen und alle zwanzig Sekunden einen gezielten Blick auf das Wappenhaus werfen. Leider ist die Kaskade des in Belgrad und Triest aufgewachsenen Architekten Boris Podrecca verschwunden.

Schlussendlich noch ein paar überraschende Daten: Geplant wurde das Wappenhaus von Franz Sturm (1897–1966), der eigentlich ein hochrangiger Nazi war: Immerhin brachte er es bis zum Gauamtsleiter für »Niederdonau«. Nach dem Krieg wurde er aus allen öffentlichen Ämtern entlassen und erhielt als freier Architekt noch einige signifikante Aufträge. Um diesen Franz Sturm hatte sich eine Arbeitsgemeinschaft mit Otto Frank, Eva Poduschka und Otto Grün konstituiert.

Das Mosaik – oder die Reihe von Mosaiken – stammt vom Maler und Bildhauer Leopold Schmid (1901- 1989). Der erhielt als Antifaschist nach der Okkupation durch die Nazis Berufsverbot und wurde aus dem »Künstlerhaus« ausgeschlossen. Nach dem Krieg wurde er dessen Ehrenpräsident.

So einfach und gleichzeitig so kompliziert kann Baugeschichte sein.

Eine vierte Perspektive schließt den Horizont unserer Betrachtungen ab. Das Wappenhaus ist Teil des August Fürst-Hofes. Und August Fürst war von 1945 bis 1959 Bezirksvorsteher von Meidling. Als aktiver Sozialdemokrat wurde er 1939 von den Nazis arretiert und verharrte sechs Jahre im KZ Oranienburg. Nach dem Krieg war der gebürtige Waldviertler (geboren 1892 in Waidhofen/Thaya) maßgeblich am Wiederaufbau des Bezirkes beteiligt. 1974 verstarb August Fürst.

Jetzt drehen wir noch gemächlich eine vierte Runde und hoffen, das das »Platzl« als Freiraum erhalten bleibt und nicht mit Kitsch- und Gschistigschastistanderln zugemüllt wird.

Altmannsdorf

Wir möchten die ehemaligen Meidlinger Dörfer zu Fuß erkunden. Beginnen wir mit Altmannsdorf. Um dorthin zu kommen, sollte man per pedes eher nicht die Altmannsdorfer Straße benutzen. Die war die direkte und lineare Verbindung von der kleinen Gloriette im Schönbrunner Schlosspark zum Schloss Laxenburg, also zum kaiserlichen Jagdgebiet. Kaiserliche Hoheiten mussten immer jagen, sodass wir uns ab und zu gefragt haben, ob sie genügend Muße für andere Aktivitäten hatten: Etwa die Herrschaft über das von ihnen regierte Gebiet auszuüben.

Und eine Allee war die Altmannsdorfer Straße auch, weil feudale Achsen zur Erbauung der sie Benutzenden stets mit Bäumen bestückt waren. Deshalb hieß sie in Zeiten der Monarchie auch »Laxenburger Allee«.

Nein, nicht auf der Altmannsdorfer Straße. Wir starten in der Oswaldgasse. Beim berühmten Keller des ehemaligen Eisgeschäftes, auf den wir im Kapitel »Pülcher und Pülcherinnen« verweisen.

Gegenüber, beim heutigen »Charlie Chaplin«, stand dereinst der »Wasserer«. Er zählt zu den längst ausgestorbenen Berufsgruppen und stillte den Durst der auf den Wienerberg hinaufschnaufenden Rösser. Für den Durst der Kutscher waren andere Getränke eher geeignet.

Also die Oswaldgasse. Benannt nach dem Heiligen Oswald, König von Northumbria, 604 bis 642, Namensspender der Altmannsdorfer Pfarrkirche. Und wieder sind wir ein spitzes Eck klüger geworden. Denn auf dem Haus Oswaldgasse 23–25 kann man sogar das Kupferrelief des Heiligen erkennen.

Auf unserem Weg wird die Kirche stets präsent sein, kein Wunder, er steuert direkt auf sie zu. Links folgt der Johann-Hoffmann-Platz, und dieser Johann Hoffmann finanzierte den Bau der Kirche. Oder auch nicht. Zur Beantwortung lassen wir uns noch ein bisschen Zeit.

Nach der Unterquerung der Verbindungslinie stoßen wir auf die größte Wohnanlage des Bezirkes, die in den letzten Jahren errichtet wurde: auf die Kabelwerke.

Und die standen genau an dieser Stelle, die alten Kabelwerke. Deren Gründer Otto Bondy (1844–1928) war ein Sohn des Prager Industriellen Aron Bondy, damit wäre auch seine jüdische Herkunft eindeutig geklärt. Erst gründete der junge Otto Bondy nach seiner Übersiedlung in die Donaumetropole im Jahre 1882 die »Kabel-Fabrik« in Penzing. Sodann erweiterte er seine Unternehmungen und errichtete 1905 in Meidling, genauer in Altmannsdorf, die »Kabelfabrik und Drahtindustrie AG Wien«, kurz die KDAG. Bis zu seinem Tod war er im Verwaltungsrat der allgemein als »Kabelwerke« bekannten Fabrik tätig. Der zentrale Platz inmitten der heterogen und disparat aufgebauten Siedlung trägt seinen Namen: Otto-Bondy-Platz.

Mit etwa 700 bis 770 Mitarbeitern waren die Kabelwerke der größte Arbeitgeber des Bezirkes. Sie stellten Drähte, Kabeln, Freileitungsseile und dergleichen her. Leider erlitten sie in der gesellschaftlichen Phase gegen Ende des letzten Jahrhunderts ein für viele Unternehmen dieser Größe – wir denken nur an »Semperit« – typisches Abbruchszenario. Bis Ende 1989 waren die Kabelwerke ein Tochterbetrieb der verstaatlichten Elin AG, dann wurden sie trotz des Protestes vieler Mitarbeiter an die Siemens AG verkauft. Und 1997 begann der neue Eigentümer, die Produktion aus Meidling zu verlagern. Was zur Folge hatte, dass mit dem 19. Dezember 1989 der Betrieb für immer geschlossen, abgewickelt, zerstört wurde. Aus und basta.

Doch damit ergab sich für den Bezirk eine große Chance: die Umsetzung des großen Wohnprojektes, das den Namen »Kabelwerke« behalten sollte. Misstrauisch über nicht besonders gelungene Großprojekte aus dem letzten Jahrhundert wollte man einen gezielteren Weg wählen. Zuerst gab es einen längeren Planungsprozess, der wiederum mit einem Ideenwettbewerb eingeleitet wurde. Den Ideenwettbewerb gewann das Team rainer pirker architeXture, Wien, und Florian Haydn. Es sollte eine eigene Stadt in der Stadt entstehen, autofrei, mit verschiedenen Stadtvierteln, etwa dem Terrassenhaus, dem Frauenhaus, dem Brückenbau, dem Gartenhof. Und mit verschiedenen Nutzungen – welch hässliches Wort, eine »Nutzung«... – sagen wir lieber, mit verschiedenen Eigenschaften. Die künftigen BewohnerInnen der einzelnen Viertel konnten ihren jeweiligen Senf dazu beitragen. Beispiel: Für das Frauenprojekt (ro*sa) KalYpso etwa galt: »Mitfrauen des Vereines können nur Frauen werden«. Und bei KalYpso bitte nicht an die Gestalt der griechischen Mythologie denken: »Kal« steht für das oben beschriebe Werk, und im »Bauteil Y« wurde das Frauenprojekt realisiert. Auch eine Theaterstätte sollte entstehen: Das Werk X. Die Schauspielerin Hedy Lamarr (1913–2000), nach der einer der Wege im Kabelwerk benannt wurde, hätte wahrscheinlich ihre Freude daran gehabt.

Alte Teile des »Kabelwerkes«
wurden in den neuen Wohnbau integriert

Als Grünraum blieb der Bereich zwischen dem Kabelwerk und der Trasse der U 6 erhalten. Dort steht der Altmannsdorfer Friedhof. Der kleine Friedhof wirkt wie ein kurioser und merkwürdiger Kontrast zum dahinter sich erhebenden Wohnpark. Wie ein kleines, aber gut gesetztes Omega zum Riesen Alpha. Und südlich des Friedhofes erstreckt sich die Grünanlage, die 2011 den Namen Miep Gries erhielt. Lesen Sie darüber mehr im Kapitel über die Parkanlagen.

Wo ist das Wirtshaus, bitte?

Spannend ist natürlich die Grünanlage mit einem Parcours für FitnessfanatikerInnen. Dafür existieren kaum Grünflächen auf den Platzerln innerhalb der Wohnfläche. Und toll ist die Stadt mit verblüffenden Winkeln, überraschenden Ecken, sich querstellenden Fronten und der mit einer langen, auf den Anninger zielenden Geraden. Leider ist das Gastronomieangebot nicht nach dem Geschmack der BewohnerInnen, auch nicht nach unserem Geschmack. Wieso gibt es kein Beisl, kein Wirtshaus, keine Schenke, keine Bar? Das fernöstliche Fast-food-Lokal auf dem Bondy-Platz zeichnete sich bei unseren zahlreichen Visiten des Wohnparks durch vollkommene Leere aus. Die Bewohner flüchten zum Fünfer-Pflug auf dem Khlesl-Platz.

Halt, ein Side-step sei uns gestattet. Schlendern wir von der dem Heiligen Oswald geweihten Kirche die Oswaldgasse in Richtung Norden, so erkennt man zu linker Hand bald einen Fußballplatz. »KD-AG« konnte man bis vor einigen Jahren noch auf einer Hinweistafel lesen, die Abkürzung für »Kabel- und Drahtwerke AG«, also die ehemalige Firmenmannschaft der Kabelwerke. Heute wird der Platz bespielt von der »SC Wiener Viktoria«. Und zur Gruppe rund um die Viktoria rechnen wir deren Funktionär Roman Gregory von der inzwischen aufgelösten Wiener Kultband »Alkbottle« und deren Trainer, den legendären Toni Polster. Da die Alkbottle in der Zwischenzeit Geschichte ist, möchten wir ein Lied kurz zitieren:

Und I wockl durch Meidling
Und ab und zu, do kreul I auf alle Vier.
Und I wockl durch Meidling
Auf der Suche nach mein nächsten Bier.

In den kalten Wintermonaten werden Obdachlose in den leer stehenden Kickerkabinen versorgt, die Unbetreuten finden dort sogar eine unkickerische Bleibe. Die dafür Verantwortlichen mögen dafür vor die Kabinentür treten: Wir applaudieren. Und einen Namen für die neue auf 3.000 ZuseherInnen ausgebaute Spielfläche soll's auch bald geben: »Christopher Seiler-Stadion«. Christopher Seiler repräsentiert die Hälfte des Duos »Seiler und Speer«, und mit »light downs« veröffentlichte er sein erstes Solo-Album. Auch von ihm wollen wir ein Lied zitieren, es trägt den Titel »I wü ned«:

Da Mola duat moina,
Und da Tischler duat hobeln,
Da Köna steht draussen und poliert seine Gobln,
Da Pforrer hoit Messen,
Da Pilot der muas fliang
Da Gärtner pflückt Bleaml
Da Minister duat liang!
Da Mechaniker zanglt,

Und da Lehrling wischt auf,
Und da Schauspüler spüt und des Fernsehn nimmts auf
Da Frisea mocht die Hoa sche,
Und da Lehrer tut Lehren,
In da Raketn sitzt a Astronaut und der fliagt zu die Stern!
I wü ned
I was ned
Mi zahts ned
I konn nix ondas mochen
Es nutzt nix,
Es hüft nix
Mir bleit nix onders über ois a Lochn

Jetzt aber wirklich nach Alt-Altmannsdorf. Doch nein, es folgt noch ein Side-step. Und der hängt mit der »Siedlungsgenossenschaft Altmannsdorf und Hetzendorf« zusammen. Diese wiederum hängt mit dem Architekten Josef Frank zusammen. Josef Frank, geboren 1885 in Baden bei Wien, flüchtete auf Grund seiner jüdischen Herkunft nach Stockholm, dort starb er als anerkannter Architekt im Jahre 1967. In der Zeitschrift »Der Aufbau, Nr. 7, 1926«, polemisierte Frank brillant, aber letztlich erfolglos gegen die von Hubert Gessner und anderen Schülern Otto Wagners vertretene Linie repräsentativer kommunaler Großbauten. In Wien wurde er durch die von oben erwähnter Genossenschaft errichtete Siedlung Hoffingergasse (ab 1921) bekannt.

Von der Oswaldgasse führt besagte Hoffingergasse zur Breitenfurter Straße. Wir sichten vor den einstöckigen Häusern langgezogene, aber eher schmale Grünflächen. Nein, nicht zum aufgelegten Salto vorwärts, sondern zum Anbau von Gemüse und dergleichen. Die Häuserfronten schauen sich ein bisschen ähnlich, sie bevorzugen in der Regel Steildächer. Der Grund für die einheitliche oder kollektive Bauweise: Die als »Selbstversorgersiedlung« konzipierte Anlage umfasst 286 Reihenhäuser, die in Zeilen längs der Straßen errichtet wurden. Die angehenden Siedler mussten pro Haus eine Eigenleistung von 2.000 Arbeitsstunden erbringen. Nach der Fertigstellung griff man bei der Zuteilung der Häuser zu einem bisher kaum angewandten urdemokratischen Prozess: die Häuser wurden unter den Siedlern verlost.

Übrigens: Kein Haus hat sich im ursprünglichen Bauzustand erhalten. Und auch die Gärten nicht. Heutzutage zieht niemand mehr Gemüse in seinem Vorgartl, also wurden oft Garagen eingebaut. Wieder kein Platz für den Salto vorwärts.

Zu guter Letzt möchten wir noch berichten, wie die Arbeiterzeitung am 1. Juli 1922 über die Siedlung Hoffingergasse berichtete. »Sie ist zweckmäßig und jedem Schmuck abhold.« Dies war als positive Wertung gedacht.

Jetzt aber tatächlich nach Alt-Altmannsdorf. Eng wird die Oswaldgasse, und wir stehen vor dem dreieckigen Angerplatz mit der Kirche, einer der schönsten Plätze, die sich in Wien erhalten haben: Der Khleslplatz. Besagter Khleslplatz ist seit 1973 eine denkmalpflegerische Schutzzone, übrigens die erste innerhalb des Wiener Gemeindegebietes.

Bleibt noch die spannende Frage offen: Wer ist Khlesl? – Also: Michael Kardinal Khlesl (1553–1630) war eine der wichtigsten Figuren der Gegenreformation. Bei seinen Reisen in den Süden übernachtete er mehrmals im Wirtschaftshof der Beschuhten Augustiner.

Nächste Frage: Wer sind die beschuhten Augustiner? – Richtig, ein Orden, und zwar ein Orden, der bis zum Beginn des 18. Jahrhunderts die Herrschaft über Altmannsdorf ausübte und daselbst einen Wirtschaftshof errichtet hatte. Im Jahre 1819 wurde dieser von Johann Hoffman gekauft, der ihn zu einem biedermeierlichen Landhaus ausbauen ließ und das Ganze gerne als »Schloss Altmannsdorf« bezeichnete. Das »Schloss« wurde 1973 von der SPÖ bzw. vom Renner-Institut erworben, die Gebäude wurden renoviert, und auf einem Teil des Areals konnte man anno 1980 das »Gartenhotel Altmannsdorf« errichten. Damit verfügte die SPÖ über repräsentative Räumlichkeiten, um Schulungen, Veranstaltungen und Seminare organisieren zu können. Das Institut führte auch eine sozialwissenschaftliche Fachbibliothek.

Im Juni 2017 wurde der Verkauf des gesamten Areals beschlossen. Heute gehört das ehemalige Schloss Altmannsdorf der Baufirma »Fernkorn AG«.

Jetzt bleibt noch die Kirche übrig: Nach ersten Erwähnungen als Kapelle im Jahre 1290 wurde der heutige Bau 1838/1839 durch Franz Löss (Franz Löß) errichtet. Wir stehen vor dem Portal und lesen: »Deo trino et vero«, also dem dreieinigen und wahren Gott. Die Statue rechts neben der Kirche ist eine Darstellung des Hl. Augustinus aus dem Jahr 1723 und hängt mit der Grundherrschaft der Beschuhten Augustiner zuammen. Ursprünglich war sie eine Brunnenfigur, die von einer natürlichen Quelle gespeist wurde. Als die Quelle um 1770 versickerte, wurde der Brunnen entfernt.

Betreten wir die Kirche, erkennen wir das Hochaltarbild mit dem Hl. Oswald vor der Entscheidungsschlacht gegen Cadwallon – und wieder sind wir ein Eck klüger geworden. Im Chor oberhalb des Hochaltars erblicken wir ein Glasgemälde von Leopold Kupelwieser mit einer Darstellung der Heiligen Dreifaltigkeit. Sein Sohn war der Industrielle Carl Kupelwieser, aber jetzt genug der Kupelwieserei.

Pfarrkirche Altmanndorf am Khleslplatz

Die nächste Frage: Wer war der schon öfter bei uns aufgetauchte Johann Baptist Hofmann (1786–1856), der die Grundherrschaft über Altmannsdorf im Jahre 1818 erworben hatte? – Er gilt als Fabriksdirektor, war indes ein nach heutigen Begriffen Verwalter oder Manager der Betriebe des Großfuhrwerkers und Immobilienhais Josef Dietrich. Herr Hoffmann hätte eigentlich den Neubau der Kirche finanzieren müssen, er stellte jedoch lästige Bedingungen: Es müsste eine eigene Empore für ihn und seine Gattin gebaut werden, da es ihm nicht zuzumuten sei, gemeinsamen mit einfachen Ziegelarbeitern und anderen Proleten in einem Kirchenraume zu sitzen und zu beten. Der Neubau drohte an diesem unchristlichen Verhalten zu scheitern, da gewann Johann Baptist Hoffmann – Glück hatte dieser Mensch auch noch – in der Warschauer Lotterie einen tollen Treffer. Mit diesen Finanzierungsmöglichkeiten konnte die Kirche nach den Vorstellungen des Grundherrn errichtet werden.

Was wollen wir damit andeuten?

Als Grundherrn gehörte Johann Baptist Hoffmann auch das Haus Nummer 1 am heutigen Khleslplatz, das ehemalige Halterhaus, das er um 1828 zu einem formidablen und von vielen Gästen besuchten Gasthof umbauen ließ.

Verwunschen und möglicherweise liebliche Nixen und freche Kobolde versteckend erscheint uns das Haus Nummer 2.

In aller Klarheit und Eindeutigkeit können wir über das Haus mit der Nummer 5 berichten. Der Pflug, ehedem der Fünferpflug. Seit 1935 befindet sich das Gasthaus in Familienbesitz, Karin Pflug betreibt auch das benachbarte Eisgeschäft. Wir empfehlen ohne ressortmäßige gastronomische Zuständigkeit den Verzehr eines Hendls mit einem Krügerl Bier.

Früher gab es im Zentrum noch ein Gasthaus, eine Greisslerei, eine Wäscherei, einige Häuser weiter eine Gerberei, eine Hendl-und Schweinezucht, Volksschule, Feuerwehr, alles im Umkreis von 250 Metern.

Das können wir uns recht gut vorstellen, zumal auch die Flurnamen »An den Froschlacken« sowie »An den Eisteichen« die verschiedensten Vergangenheitsbilder konturieren.

Aber in keinem Dorf wird es heute das oben aufgezählte Dorfensemble noch geben. Erhalten hat sich jener dreieckige Angerplatz, der sich rund um die Kirche ausweitet und hie und da auch einengt.

Soweit zum unmittelbaren Zentrum von Altmannsdorf. Wir drehen uns um und halten uns Richtung »Schöpfwerk«. Bald stehen wir wieder bei den Eisteichen und bei der benachbarten Großsiedlung »Schöpfwerk«. Freilich hängen beide Bezeichnungen zusammen. Bis vor 100 Jahren lagen hier Seen, wir können sehr wohl von Seenlandschaften, nicht Seelenlandschaften, sprechen. Im Winter froren sie zu und die Anrainer konnten hier Rutschen oder Eislaufen. Die Wasserversorgung der Seen wurde durch ein Hebewerk geregelt, von ihm leitet sich die Bezeichnung »Schöpfwerk« ab. Diese Seenlandschaft wurde als »Eiswerk« bezeichnet, da man damals Eisblöcke herausschnitt und sie in die nahe Großstadt transportierte. Dort wurden sie in den Kellern von Wirtshäusern und in Betrieben gelagert und als Kühlmittel verwendet. Deshalb konnte man im Oktober noch ein kühles »Schwechater« trinken.

An den Betonmauern der Trasse der U 6 mit der Station »Schöpfwerk« sichten wir eine Unzahl von Grafittis, von »tags«, die teilweise von anonymen Schmierfinken, teilweise von grafischen Künstlern fabriziert werden. Alle Jahre müssen die Betonwände von den überbordenden »tags« gereinigt werden. Man könnte die als Kunstwerke anerkannte Grafitis auch mit einem U-Bahn-Orden auszeichnen.

Das »Schöpfwerk« ist die nächste eigenständige Landschaft in der Stadt. Wir verweisen ausnahmsweise auf die ausgezeichnete Homepage https://www.wienerwohnen.at/hof/935/Am-Schoepfwerk-29.html und beenden somit unseren Besuch in Altmannsdorf.

Die Meidlinger Transversale

Man kann auch nach Hetzendorf hatschen, und ich will diese Hatscherei als Meidlinger Transversale bezeichnen. Ich starte auf der Philadelphiabrücke. Von dort gehts über die Breitenfurter und die Hetzendorfer Straße bis zu ihrem bitteren Ende: der Einmündung der Atzgersdorfer Straße.

Die erste Dampfmaschine auf der heutigen Südbahnstrecke

Die Lage der Philadelphiabrücke ist ja bekannt, ebenso die Lokomotive, die auf dem Hochhaus am Ende der Meidlinger Hauptstraße oberhalb der Bäckerei Ströck als Mosaik abgebildet ist. Bitte beachten Sie den Zylinderhut des Lokomotivführers!

Zur Geschichte dieser Lokomotive: Die Südbahn-Gesellschaft schickte ihren Chefkonstrukteur Mathias von Schönerer in die Vereinigten Staaten, um dort Industriespionage zu betreiben. Daraufhin zog die Südbahn die in der Lokomotivenfabrik von William Norris in Philadelphia/USA konstruierte Type dem englischen Konkurrenzmodell vor. Die zerlegte Lokomotive wurde mit einem Schiff nach Triest gebracht und von dort mit einem Pferdegespann nach Meidling weitertransportiert. Im Jahr 1838 erreichte sie unter großer Anteilnahme der Bevölkerung Meidling. In der nahe des Meidlinger Bahnhofes gelegenen ersten Wiener Lokomotivfabrik bastelten die ebenfalls importierten Ingenieure aus Philadelphia aus den verschiedenen Einzeltrümmern wieder eine pfauchende Dampflokomotive. Auf einer eigens angelegten provisorischen Holzbahn wurde sie angeheizt und am 31. August 1838 dem zahlreich erschienenen Publikum vorgeführt.

Doch leider: Die Südbahngesellschaft war von dem pfauchenden Trumm mit seinen 35 PS nicht besonders angetan, und 1857 wurde die lahme Ente ausgemustert. Dafür trug ein Gasthaus in der Meidlinger Hauptstraße 77/79 den Namen der Lokomotive, und zusätzlich gab es in der Ecke Wilhelmstraße 53 – Eichenstraße einen »Gasthof zur Stadt Philadelphia«.

So weit zu Philadelphia. Jetzt zum Marsch auf der Transversale. Ich marschiere auf der Breitenfurter Straße, der allerlängsten Straße von Wien, denn sie führt bis nach Breitenfurt. Oder gibts einen Einwand von wegen längster Straße der Bundeshauptstadt? Munter marschiere ich los und registriere nach zehn Minuten, dass ich auf weiter Strecke der einzige bin. Die letzte Konversation führe ich mit einer Dame, die mir ihren Hund für den Weitermarsch anbietet, da sie ihre schmerzenden Stirnhöhlen lieber zu Hause in der trockenen Stube auskuriert als auf der Meidlinger Transversale. Nein, ich wage den Alleingang!

Und bald darauf sichte ich auf Nummer 9 das russische Geschäft, in dem der Kundige eine mit Wodka gefüllte Kalaschnikow kaufen kann. Es muss eine wahre Hetz sein, mit solchen Gerätschaften seine Gäste zu empfangen. Im Haus Breitenfurter Straße 13 kam der Schani Breitweiser zur Welt. Am 13. April 1891. Als sechstes von 12 Kindern. Die in desolaten räumlichen Zuständen hausten. Über seine kriminelle Energie lesen Sie bitte im entsprechenden Kapitel »Pülcher und Pülcherinnen«. Das Haus steht nicht mehr, wahrscheinlich ist es im 2. Weltkrieg wie viele Häuser an der Trasse der Südbahn zerbombt worden. Und heute befindet sich im Naubau ein Sanitätsstudio. Wäre das nichts für den Meidlinger Einbrecherkönig?

Apropos kriminelle Energie: Das Eisgeschäft namens Schleckeria ist verschwunden, es stand an der Ecke zur Oswaldgasse. Die

Besitzerin des Eisgeschäftes betonierte zwei ihrer Mäner im Keller ein, aber bitte haben Sie vorläufig keine Angst und lesen im oben erwähnten Kapitel weiter.

Denn nun folgt der mythische und daher mit immenser Bedeutung gewürdigte Mittelpunkt von Meidling: Diesen haben Ferdinand Karl und Gerald Plattner vom imposanten Team »marshall!!yeti« geortet. Ja, sie orteten den topografischen Punkt von »Zentralmeidling«. Und der liegt bei der Kreuzung der Breitenfurter Straße mit der Schneiderhangasse. Also verweile ich gedankenverloren in »Zentralmeidling«. Die stark frequentierte Trasse der Breitenfurter Straße mit den mittlings liegenden Gleisen des 62ers. Dahinter die stark frequentierte Trasse der Südbahn. Beide Trassen durchschneiden ein wenig die Kuppe des Wienerberges. Hinter mir der »Henkel«, links von mir der »Breitenfurter Hof«, und vorne auf der anderen Seite der Südbahn mehrere Bürogebäude von »Boehringer-Ingelheim«. So, und jetzt frage ich mich: Wie kann der Zentralmeidlinger daselbst sein Leben fristen, oder wie kann er hiesigenorts die Spulen seines Lebens abwickeln. Im Henkel kann er zu Haufen sich mit beauty-care und laundry-care eindecken, bei Boehringer kann er alle Pulverchen gegen unterschiedliche kardiovaskuläre Erkrankungen und gegen den ischämischen Schlaganfall kaufen, und auf der Fahrbahn der Breitenfurter Straße – stark frequentiert – kann er von einem eilig daherschießenden Wagen schon wieder um sein Leben gebracht werden und so sein Leben als abgewickelt betrachten. Damit wär's auch schon mit der Zentralmeidlinger Existenz.

Also schnell weiter auf der Breitenfurter Straße. Mit Freude erkenne ich das erste Gebäude auf der rechten Seite der Straße. Unbekannten arithmetischen Gesetzen folgend trägt es die Hausnummer vier. Undeutlich und schwer lesbar steht hoch oben »BREITENFURTER-HOF«. Auf die Nummer zwei hat die Breitenfurter Straße in ihrer Großzügigkeit wahrscheinlich verzichtet.

Schritt für Schritt trotte ich zügig durch die Transversale. Neben mir vier Fahrspuren und zwei Parkspuren. Die in regelmäßiger Abfolge sausenden Autos erzeugen einen konstanten Geräuschepegel, der sporadisch durch Spitzenwerte überschritten wird. In meine Ohren dringen eigentlich keine Geräusche, die nach Herkunft und Qualität unterscheidbar sind: weder dröhnt es noch brummt es noch rattert es. Es ist schlichtwegs Lärm, der auf der breiten Trasse schallt.

Neben mir flache ebenerdige Häuser, ab und zu durchsetzt von einstöckigen Bauten. Die Fenster sind vergittert, die Rollläden heruntergezogen. Glatt und ungegliedert sind die Fassaden. Sie können aus dem Jahr 1950 stammen, genauso gut aus dem Jahr 1870.

In den Läden kann man bestellen, erwerben, kaufen, was das Automobil begehrt: Bastelfilz, Reifen, Autobelehnung, Autolacke, Zubehör.

Das sogenannte menschliche Leben hat sich in der kohlenmonoxidgesättigten Luft vollends aufgelöst. Oder es funktioniert hinter den dicken Türen mit den Kugeln, die in der Nacht rot leuchten: Im »PUPPENHAUS« dauert es von 0 bis 24 Uhr, oder in Mimis Studio, da erstreckt sichs ebenfalls von 0 bis 24 Uhr. Das ideale Service für Laufkunden – nein: läufig ist etwas anderes – für Vierradkunden.

Nein, jetzt sind viele der Häuser abgerissen und es wird so etwas wie ein kleines neues Grätzl entstehen. Wohnquartiere und Hotels sollen errichtet werden. Die Lebensqualität soll gesteigert werden. Ich bin gespannt.

Schon gehe ich durch Altmannsdorf – früher hatte es sogar an der Verbindungsbahn eine eigene Haltestelle Altmannsdorf gegeben, und ich überquere den Altmannsdorfer Anger und trotte weiter bis zum Linienamt an der Kirchfeldgasse. Als Linienamt, kurz für k.k. Verzehrungssteuer-Linienamt, bezeichnete man jene Kontrollpunkte, an denen die Verzehrsteuer für die nach Wien transportierten Güter eingehoben wurde. Bekannte Linienämter stehen heute noch etwa an der Linzerstraße oder an der Triester Straße.

Hier beim Linienamt endete bis 1938 die Bundeshauptstadt Wien. Und es begann die selbständige Gemeinde Atzgersdorf. Bekannt durch die Kunerolwerke und die Klavierfabrik. Erst mit der Annexion Österreichs durch die Truppen der Nazis und mit der willkürlichen Kreation eines »Groß-Wien« wurden Atzgersdorf, Liesing und Rodaun eingemeindet. Aber dieses Buch behandelt den Meidlinger Bezirk, also baba zu Atzgersdorf und zurück zur Kreuzung mit der Hetzendorfer Straße und hinein ins bürgerlich-feudale Hetzendorf.

Welch Freude, »das Hetzendorfer Beisl«. Eine Tür, ein Fenster, eine Verkleinerung von Beisl gibts hier nicht, obwohl sich in einem Beiserl das Meidlinger l glatt ausgehen würde. Auf Nummer 75 logierte anno 1823 ein Herr Ludwig van Beethoven. Daran erinnert das »Cafe-Restaurant Beethoven«. Und ein Text von Franz Grillparzer, der seinen Kollegen daselbst besuchte:

Im Laufe des Sommers besuchte ich mit einem seiner Freunde Beethoven auf seine Einladung in Hetzendorf. Wir gingen spazieren und unterhielten uns so gut, als es halb sprechend, halb schreibend, (Beethoven war damals taub), besonders im Gehen möglich ist. Noch erinnere ich mich mit Rührung, daß Beethoven, als wir zu Tische saßen, ins Nebenzimmer ging und selbst fünf Flaschen herausbrachte. Eine setzte er vor den Teller des Freundes, eine vor den seinen, und drei stellte er in Reihe vor mich hin, wahrscheinlich um mir in seiner wildnaiven, gutmütigen Art auszudrücken, daß ich Herr sei zu trinken, wieviel mir beliebe ...

(Meidling, der 12. Wiener Gemeindebezirk in Vergangenheit und Zukunft, Wien 1930)

Auf Hetzendorfer Straße 90 an der Kreuzung mit der Schönbrunner Allee wohnte Hugo Wolf, aber keine Angst, nun folgt kein Text über einen etwaigen Grillparzer-Besuch, auch keine Schilderung meines Besuches im gegenüberliegenden Gallhof mit dem Cafe Siller – warum: das Cafe gibt es nicht mehr. Ich trotte weiter auf der Transversale. Die Hetzendorfer Straße, vor der Eingemeindung nach Wien hieß sie kurz und bündig Hauptstraße, kann sogar mit ein paar leichten Schwenkern meine Gedanken zum Kreisen bringen. Via Parzellierung und anschließender Verbauung umfasste der Ort Hetzendorf ursprünglich den kleinen Bereich zwischen Boergasse und Hervicusgasse. Später entstanden in der Hetzendorfer Straße in zur jeweiligen Zeit passende Neubauten, sodass ich heute einen Mix vorfinde: Viele zweigeschossige Häuser aus dem Biedermeier und wenige Bauten aus den Gründerjahren wechseln einander ab, die Wohnflächen aus den 70-er Jahren sind räumlich zurückgezogen, sie ermöglichen also Freizonen und kleine Grünflächen.

Hätte Herr Beethoven uns auch fünf
Weinflaschen serviert?

Weiter auf der Transversale. Weil ich schon trotte wie ein Bär, kann ich einen Side-step riskieren: Ich biege ab in die Münchenstraße, die tatsächlich nach der bayrischen Landeshauptstadt benannt wurde, und sichte nach ein paar Schritten eine famose Skulptur: Den »Bär«, geschaffen von der bekannten österreichischen Bildhauerin Elisabeth Turolt (1902–1966), die den öffentlichen Raum in Wien mit verschiedenen Tierskulpturen belebte.

Jetzt bin ich am Ende, und das Ende von Hetzendorf wird mit einer Schenke markiert, mit der »Gartenschenke Alt-Hetzendorf«. Doch diese Schenke ist bereits für immer geschlossen, und somit muss ich tatsächlich den unaufhaltsamen Abschluss verkünden. Naht doch in ein paar Schritten die Atzgersdorfer Straße, und nach deren Querung halte ich mich bereits im Nachbarbezirk Hietzing auf. Aus ist es mit der Transversale.

Freilich habe ich etwas vergessen in Hetzendorf. Der Ort ist eigentlich aufgespannt von zwei Achsen. Einmal die von mir schon abgehatschte Hetzendorfer Straße. Und in einem rechten Winkel zur Hetzendorfer Straße, da gibts die Schönbrunner Schlossstraße. Und die führt vom Schloss Schönbrunn, von der heutigen Grünbergstraße, mit linearer Bestimmtheit, also in gerader Linie, zum Schloss Hetzendorf, punktgenau zu den Gitterstäben des Eingangstores.

Im Gegensatz zum Schloss Hetzendorf:
Für immer geschlossen

Wussten Sie, dass von 1923 bis 1934 der Bildhauer Anton Hanak, Lehrer von Fritz Wotruba, in einem Teil des Schlosses wohnte? Anno 1946 pachtete die Gemeinde Wien das Ensemble. Und seither dienen viele Trakte als Schulbetrieb der »Modeschule der Gemeinde Wien«.

Auf passende Mode wird man auch viel früher streng geachtet haben. Ab 1835 wurde das Schloss als Gästepavillon für kaiserliche BesucherInnen verwendet – diese konnten in gerader Linie vom Schloss Schönbrunn hierher kutschiert werden und brauchten sich nicht vor etwaigen Kurven fürchten. Vorher diente das Schloss mit seinen 150 Zimmern zeitweise Kaiser Joseph II. als mehr oder weniger geräumiger Wohnsitz. Und noch früher geruhte die Mutter von Kaierin Maria Theresia hier ihren Alterswohnsitz aufzuschlagen, und einen Hofstaat wird man der Kaiserinnenmutter doch gegönnt haben, um die 150 Zimmer einigermaßen zu füllen. Schließlich hatte niemand anderer als Nikolaus Pacassi anno 1745 ein altes Jagdschlösserl, das Thunhof genannt wurde, zu einer repräsentiven SeniorInnenresidenz umgebaut. Und die kann man doch nicht verfallen lassen.

K. k. Lustschloss Hetzendorf, Wien XIII/4.

Genug des Barockschlosses. Jetzt muss ich auf einen Berg hinaufrennen. Ich erklimme den Rosenhügel. Hetzendorf konnte sich wegen der nahen Eisenbahntrasse kaum nach Norden ausbreiten – blöderweise liegt der Friedhof auf der anderen Seite der Trasse. So wurden in den Dreißigerjahren des vorigen Jahrhunderts die ansteigenden Gründe verbaut, die zu »Am Rosenhügel« hinaufführten. Bald juble ich über den Gipfelsieg »Am Rosenhügel« – aber das steht in unserem übernächsten Kapitel »Eckpunkte«.

Gaudenzdorf

Die nächste Wanderung führt mich durch Gaudenzdorf. Wer meint, der Name würde sich von der Gaudi, dem wienerischen Ausdruck für Freude ableiten, der irrt. Vielmehr wird hier der Klosterneuburger Propst Gaudenz Andreas Edler von Dunkler (1746–1829) gewürdigt. In seiner Ära wurde der Vorort Gaudenzdorf angelegt, der 1819 als Gemeinde bewilligt und in den frühen 1890er Jahren eingemeindet wurde. Dafür widmete man dem Propst die Dunklergasse, die im vorigen Jahrhundert durch den Schnepfenstrich oder die »Dunklernymphen« weit über Gaudenzdorf hinaus bekannt wurde.

Wo starten in Gaudenzdorf? Ich halte mich an einen bekannten Tipp von Karl Kraus: In zweifelhaften Fällen entscheide man sich für den richtigen, und so starte ich beim Eck zum Gaudenzdorfer Gürtel.

Im Haus Gaudenzdorfer Gürtel 47 wuchsen zwei prominente Wiener auf: Einmal Otto Glöckel (1974–1935), in den Zwanzigerjahren des letzten Jahrhunderts Präsident des Stadtschulrates, er erhielt bereits eine Widmungstafel. Und sodann – man möcht es nicht glauben – Georg Danzer (1946–2007) noch ohne Widmungstafel. Jawohl, der Liedermacher, Austropopper, Übersetzer. Er spielte im auf der anderen Seite des Gürtels liegenden Bruno-Kreisky-Park, der damals noch St. Johann-Park hieß und dem Georg Danzer ein Lied widmete. Oder er schlich ins Kinderfreibad zwischen den Gürtelfahrbahnen, an dessen Stelle heute ein Fußballkäfig steht. In einem TV-Interview bekundete er: »Das Podium meiner Kindheit war der Gaudenzdorfer Gürtel.« Ein passendes Lied schrieb er mit dem Titel »Gaudenzdorfer Gürtel 47«:

Am Gürt'l staut si' da Berufsverkehr
i hör a Straßenbahn von weit weit her

i steh beim Fenster und bin 14 Jahr'
und hättert so gern lange Haar'
die Sunn geht unter hinter'm Nachbarhaus
mei' Vater rechent si' sei' Taschengeld aus
mei' Mutter kummt grad von da Arbeit ham
und i verlier' mi' in an Tram

Ehe ich in die vielbefahrene Schönbrunner Straße einbiege, werfe ich noch einen Blick auf die Südseite der das alte Dorf bestimmenden Straße. Dort stand dereinst das Gaudenzdorfer Gaswerk. Es ist heute ebenfalls verschwunden, war aber in der zweiten Hälfte des 19. Jahrhunderts eine der wichtigsten Versorgungseinrichtungen Wien durch die Erzeugung des Stadtgases, das damals vor allem für die Beleuchtung verwendet wurde.

Dazu eindrucksvolle Zahlen aus der Statistik: Das Gaudenzdorfer Werk lieferte am 30. Juni 1883 Gas für nicht weniger als 35.577 Flammen, Kubikmeter waren damals noch keine Abrechnungseinheit. Acht Jahre zuvor, am 1. Juli 1875, waren es noch 25.764 gewesen. Das Gaudenzdorfer Gaswerk war das größte von acht Werken, die quer über die Monarchie von Brno/Brünn, Graz, Bratislava/Preßburg bis Rijeka/Fiume und Kronstadt verstreut waren.

Sein Standort war am rechten Ufer des Wienflusses, das heute verbaut ist, etwa auf Höhe Dunklergasse 4. Zur Gasgewinnung wurde Kohle verwendet, dafür standen drei Öfen mit drei Rauchfängen bereit, das Gas wurde in drei Gasbehältern gespeichert. Errichtet wurde das Werk 1855 von der Österreichischen Gasbeleuchtungs-AG, die es bis Ende 1911 betrieb. Als dann das neue große Gaswerk in Leopoldau in Betrieb ging, war jenes in Gaudenzdorf mehr oder weniger überflüssig. Im Jahre 1912 wurde es abgerissen.

Jetzt endgültig hinein in die Schönbrunner Straße. Die erste Quergasse heißt Kollmayergasse. Und wir lernen Geschichte. Herr Friedrich Kollmayer war Ortsrichter – also ein Quasi-Bürgermeister – in Gaudenzdorf: in den Jahren 1846/1847.

Die nächste Quergasse ist die Steinhagegasse. Und wir werden mit dem nächsten Bürgermeister konfrontiert. Johann Steinhager (1807–1880) war von 1861 bis 1880 Bürgermeister von Gaudenzdorf.

Nun folgt die Korbergasse. Auch Johann Korber, seines Zeichens Gemischtwarenhändler, war in den Jahren 1847 bis 1848 Ortsrichter. Der Wiener Stadtrat würdigte am 5. Juli 1894 Herrn Korber und benannte die Korbergasse nach ihm. Auf der Korbergasse 12 erblicken wir ein eigenartiges Sgraffito mit der Bezeichnung »Skistöcke«. Der Eigentümer der Skistöcke möge sich umgehend melden, ehe er bei einem Stern auf der Schönbrunner Straße zermalmt wird.

Die Kobingergasse erinnert an Adam Kobinger (1772–1841). Dieser fristete sein Leben als Hausbesitzer und Pottascheerzeuger, obendrein bekleidet er in der Frühzeit des Ortes (um 1819) – Sie werden es nicht glauben – das Amt des Ortsrichters.

Die nächste Querung heißt Aichhorngasse, vormals Feldgasse. Sie trägt den Namen von Josef Aichhorn (1823–1889), langjährigem Mitglied der Gemeindevertretung und Gaudenzdorfer Vizebürgermeister in den Jahren 1880 bis 1889.

Nach der Querung der Längenfeldgasse – nein, ich halte außer Plan, denn bei der Querung sichte ich einen Akrobaten, der allerdings nicht Bürgermeister wurde. In einer kleinen Rasenfläche vollführt er einen Handstand auf nur einer Hand. Auch bei dem luftigen Akrobaten ist – wie bei dem unbekannten Schifahrer von der Korbergasse – höchste Gefahr vor Folgeschäden angesagt.

Nach ein paar Schritten folgt die Gierstergasse. Und somit halten wir andächtig bei Josef Leopold Gierster, dem ersten Bürgermeister von Gaudenzdorf. Er bekleidete das Amt von 1850 bis 1861. Gierster war eine schillernde Persönlichkeit: Hauptmann des Bürgergarde-Corps, Hofbräumeister, Brauhausbesitzer. In der Gierstergasse 10 erinnert das Restaurant »Giersterbräu« an den ersten Bürgermeister von Gaudenzdorf, mehr über ihn lesen Sie im Abschnitt »Wirtshäuser«.

Und wieder weiter. Ich halte an der Michael-Bernhard-Gasse. Der Namenspate, Michael Bernhard, war der letzte Bürgermeister von Gaudenzdorf, er bekleidete dieses Amt von 1881 bis 1891. Als er am 28. Februar 1901 starb, wurde bereits ein halbes Jahr später die damalige Mineralbadgasse nach ihm umbenannt. Der gebürtige Weinviertler, er stammt eigentlich aus Rupperstal bei Großwolkersdorf, verschaffte sich in Gaudenzdorf vor allem als Gastwirt höchste Beliebtheit.

Zu guter letzt möchte ich noch auf die Gedenktafel für Hermann Leopoldi verweisen, der im Kapitel »Autoren und Autorinnen« gewürdigt wird. Auf dem Haus Schönbrunner Straße 219 lese ich auf einer Tafel: »In diesem Haus wurde am 15. August 1885 der Klavierhumorist Hermann Leopoldi geboren.« Auch wenn er damals noch Hersch Kohn hieß.

Murlingengasse

Eigentlich kommt ja Meidling direkt von Murlingen. Wer es nicht glaubt, der kann bei dem Wiener Paradehistoriker Felix Czeike nachlesen. »Der Name Meidling ist in der Form Murlingen schon um 1140 nachweisbar«. Und mure bedeutet im Mittelhochdeutschen keine Mure, wie käme Meidling überhaupt zu einer Mure, sondern eine Mauer. Und die Meidlinger sind überspitzt formuliert die an der Mauer Hockenden. Jedoch nicht die in Mauer Hockenden, sonst könnten sie ja gleich in Mauer beim Heurigen hocken bleiben, anwachsen und dortselbst Heurigenbetriebe eröffnen. Dafür hat sich die Murlingengasse erhalten. Wird sie das alte Meidling präsentieren, vielleicht unter einer gestülpten riesigen Meidlingerglocke, um den Zustand und die Lage von Alt-Meidling zu konservieren? Wäre die Konservierung überhaupt ein Vorteil oder würde die öde Tristesse der Vergangenheit überwiegen?

Um eine Antwort zu finden, müssen wir uns die Murlingengasse näher betrachten. Sie beginnt bei der Fockygasse. Links, also im Süden, erblicken wir das Haus mit der Nummer 1, rechts, also im Norden, steht das Haus mit der Nummer 12. Was soll diese Zahlenmagie bedeuten? Ein numerologisches Extempore? Wir wissen es nicht. Jetzt folgen beidseitig Neubauten aus den letzten dreißig Jahren. Bis wir auf den Reismannhof stoßen, genauer auf die Rückseite des Reismannhofes. Edmund Reismann, ein Meidlinger Eisenhändler, Leiter des Fürsorgeamtes der Gemeinde Wien, 1942 in Auschwitz ermordet. Den Hof lernen wir näher kennen im Kapitel über die Gemeindebauten. Wir bewegen uns eigentlich auf dem Fuchsenfeld. Das heißt nicht Fuchsenfeld, weil da die Füchse herumstrolchen und sich des Abends Gutenacht sagen, murren oder krächzen, sondern weil ein gewisser Michael Fuchs ab 1852 ein Gasthaus betrieb, welches »Zum Fuchsen« genannt wurde. Das Feld rund um das Gasthaus hieß dann logischerweise das Fuchsenfeld. Heute steht dort die Komplementäranlage zum Reismannhof, nämlich der Fuchsenfeldhof, auch diesen werden wir im Kapitel »Gemeindebauten« näher betrachten.

Bald folgt links ein auffallendes Geviert zwischen der Rottmayrgasse und der Aßmayergasse. Hier wurden 1875 sechs baulich nicht zusammenhängende Villen mit Vorgartl im »Schweizerstil« errichtet. Von diesen Villen mit Vorgartl ziehen zwei unsre Aufmerksamkeit auf sich. In einem befindet sich eine christliche Bibelstätte. Im Nachbarhaus wird das Bestattungsinstitut EX-JU beherbergt. EX-JU! Voll gelungen! Jugoslawien – am Ende von Jugoslawien befindet sich sprachlich übrigens Wien – Jugoslawien wurde im tiefen Boden der Geschichte verscharrt, blutig aus der Landkarte herausgeschnitten, und übrig blieb die Wiener Leichenbestatung EX-JU.

Nun fällt unser Blick auf die Arbeiterwohnhäuser der Südbahngesellschaft, die auf einem schmalen Streifen zwischen der Eichenstraße und der Südbahntrasse stehen. Sie wurden 1870 für die Hackler der Südbahn errichtet, gelten als die ersten »Arbeiterwohnhäuser« in Wien und stehen deshalb unter Denkmalschutz. Die unverputzten Ziegelbauten hatte aus Gründen der Sparsamkeit ohne Fassadengliederung das Baubüro Wilhelm Flattisch errichtet, das für alle Hochbauten der Südbahn zuständig war. So auch für unser Meidlinger Unikat. Auf der bahnseitig gelegenen Fläche war Platz zum Anbau für Gemüse und zum Spielen der Arbeiterkinder, die so schon im jugendlichen Alter auf die wahrscheinlich ihr weiteres Leben bestimmenden dampfenden Loks der Südbahn starren konnten. Übrigens wurde von der Südbahngesellschaft eine zweite heute noch existierende Arbeitersiedlung errichtet: Im slowenischen Maribor, genauer südlich der Drau im Vorort Studenci.

Nach der Überquerung der Aßmayergasse wechseln einander zweigeschossige Häuser aus der Vorgründerzeit und moderne Bauten ab, ehe wir auf der rechten Seite den berühmten »Appel« sichten. Gefühlsmäßig haben in jedem dritten Meidlinger Haushalt bei diversen Wohnungsgebrechen Mitarbeiter vom »Appel« herumgewerkelt. Warum nicht gleich zum Appel trappeln, Herr Malicek?

So. Und jetzt folgt auf der linken Seite – wie sollen wir es bezeichnen? – das Zentrum des bosnischen Jihadismus? Oder des radikalen Salafismus? Sie heißt Tewhid-Moschee. Ein Herr Muhammed Porca wurde bekannt durch seine Predigten, in denen er zum Kampf gegen die Ungläubigen aufrief. Als einer seiner Schüler galt Herr Mirsad Omerovic (Kampfname Ebu Temja), der im Juni 2016 zu 20 Jahren Haft verurteilt worden ist. Ursache: Mitglied einer terroristischen Vereinigung, Anstiftung zum Mord, Anstiftung zur Nötigung undsoweiter. Die Moschee wurde zwei Tage nach dem Wiener Terroranschlag vom 2. November 2019 offiziell geschlossen. Begründung der Behörden: Der Attentäter war Stammgast in der Moschee.

Die Moschee will mit der Meidlinger Wirklichkeit sowieso nichts zu tun haben. Sie ist nach außen abgeschottet, alle Fenster sind abgedichtet, sie verbarrikadiert sich vehement gegen die Scharen der Ungläubigen da draußen.

Wie wäre es mit folgenden Gegenmaßnahmen: Das eine Nachbarhaus wird ein ordinäres Alt-Wiener Puff, das andere Nachbarhaus eine Holocaust-Gedenkstätte, permanent beschallt wird die Moschee mit der Erklärung der Menschenrechte, vorgetragen in bosnischer Sprache?

Ein positiver Ausgang muss auch bei der Murlingengasse zu finden sein, sonst können wir Alt-Meidling vergessen. Also biegen wir ein in die Dörfelstraße – als das Dörfel galt dereinst Wilhelmsdorf, aber darüber mehr im betreffenden Kapitel. In der Dörfelstraße wenden wir uns zu den »Seligen Affen«. Nein, wir wollen nicht in den Schönbrunner Zoo ins Affenhaus und dort mit den Affen tanzen, sondern ins Weinhaus zu den »Seligen Affen«. Dort können wir uns mit einem Spritzer stärken und danach mit Zuversicht in die Zukunft blicken. Über weitere Delektierungen berichten wir im Kapitel über die Meidlinger Wirtshäuser.

Ein kurzer Side-step sei uns noch von der Murlingengasse aus gestattet. Es gibt den Meidlinger Canaletto-Blick. Der originale Canaletto-Blick wird vom Oberen Belvedere aus auf Wien gerichtet, die Perspektiven der Innenstadt sind im Gemälde von Giovanni Antonio Canal, genannt Canaletto, gut erkennbar. Und an diesem Canaletto-Blick orientiert sich jener Bereich der Wiener Altstadt, der unter UNESCO-Schutz steht.

Beim Meidlinger Canaletto-Blick stehen wir in der Aßmayergasse unterhalb der Murlingengasse und schauen in die Canalettogasse. Gut, einen UNESCO-Schutz werden wir nicht schaffen. Weit reicht der Blick nicht, 150 Meter bis zur Steinackergasse. Und erkennen kann man vor allem Häuser aus den 80-Jahren. Vorne am Eck zur Aßmayergasse steht noch ein Gründerzeithaus. Nein, beispielgebend ist der Meidlinger Canalettoblick leider nicht, keine Bauvorschrift wird ihr Regelwerk erstellen und keine UNESCO wird ein vermeintliches Erbe ableiten. Der Meidlinger Canalettoblick kann leider dem historischen Canalettoblick nicht die Perspektive reichen.

Wir biegen also wieder in die Dörfelstraße ein, um bei den »Seligen Affen« auf Antonio Canaletto anzustoßen.

Der Meidlinger Canaletto-Blick

Grenzstellen und Eckpunkte

1. Rosenhügel

Zugang: Bus 63 a bis zur Endstation

Jede Fläche – und ein Bezirk hat eine bestimmte Fläche – hat Eckpunkte. Oder Schnittpunkte. Wir haben drei dieser Schnittpunkte samt Überlappungszonen ausgewählt.

Da wäre einmal der Rosenhügel. Am Rosenhügel stoßen der Bezirk Meidling, der Bezirk Hietzing und der Bezirk Liesing zusammen. Patsch. Und ein Wirtshaus gibt es auch »Am Rosenhügel«, sodass wir Muße haben, alles gut aufeinander abzustimmen. Es heißt »Restaurant zu den drei Linden«, und überrraschenderweise sind selbige noch nicht zu Brennholz verarbeitet worden.

Anno dazumal sollen am Rosenhügel tatsächlich Rosen sonder Zahl gezüchtet worden sein. Doch schon im Stadtplan des Jahres 1872 sind auf besagtem Hügel nur Brachen eingezeichnet, also gar nix, dazu ein paar Felder und das Reservoir der Hochquellenwasserleitung. Der Spatenstich zum Bau des Speichers erfolgte tatsächlich bereits am 21. April 1870, und zum ersten Mal geflutet wurde er am 1. September 1873. Eine Straße führte vom niederösterreichischen Ort Mauer zum Speicher, sie ist nahezu identisch mit der heutigen Rosenhügelstraße.

In einer Karte des Jahres 1927 ist bereits der Sender der RAVAG eingezeichnet, der am 30. Jänner 1926 in Betrieb genommen wurde. Mit seiner Höhe von sage und schreibe 85 Meter muss er den damaligen Anrainern wie ein Wolkenkratzer vorgekommen sein. Seine Reste wurden erst 1965 abgetragen.

Noch etwas kommt vor am Rosenhügel: Eine Siedlung, die »Am Rosenhügel« heißt. Eine Reihenhaussiedlung mit insgesamt 543 Häusern. Sie wurden von mittellosen und verarmten Frauen und

Männern – vielleicht waren auch Kinder dabei – zwischen 1921 und 1927 errichtet. In gemeinsamer Regie, das heißt, jede und jeder packte an, wo sie konnte, und zwar wurden 200 Stunden an Muskelhyphothek verlangt. Zu den Reihenhäusern gehörten auch kleine Garterl, wo die Siedlerinnen und Siedler Obst und Gemüse ziehen konnten. Anfangs war auch Kleintierhaltung erlaubt.

Unermüdlich sind die Ziegelschupferinnen auf dem Gipfel des Rosenhügels

Wir erlauben uns, auf einen kleinen oder doch großen Richtungsstreit hinzuweisen: Die Gemeinde Wien bevorzugte die »Gemeindehöfe«, wo um einen Hof und um gemeinsame zu nutzende Einrichtungen die Wohnbauten errichtet wurden. Der Grund: Bei den Reihenhäusern befürchtete man eine Indidividualisierung und somit eine Verbürgerlichung der BewohnerInnen anstatt der erhofften oder erwarteten Erziehung zu Gemeinschaftssinn und gegenseitiger Solidarisierung.

Übrigens: Spannend war die Vergabe unserer Siedlungsbauten an die künftigen BewohnerInnen: Nach Vollendung der gesamten Anlage wurden die einzelnen Teile sozusagen basisdemokratisch verlost. Niemand konnte sich über Vorzüge oder Nachteile beschweren.

Aber wir müssen noch einmal hinauf auf den Gipfel des Rosenhügels, in historischen Zeiten auch »Rosenberg« genannt. Hier erblicken wir eine kolossale Skulpturengruppe: Die Ziegelschupferinnen. Ja, die Ziegelschupferinnen! Mit Kopftüchern und langen Röcken, drei von ihnen hantieren mit Ziegeln! Hat nichts mit den Böhmischen Ziegelarbeitern zu tun, sondern mit den Frauen, die bei der Errichtung der Siedlung »Am Rosenhügel« ihre Arbeiterinnenhand anlegten. Also schlicht und einfach geht es um die Tatsache, dass beim damaligen Bau die Frauen ihren Mann stellten. Geschaffen wurde die Skulpturengruppe vom Bildhauer Oskar Höfinger im Jahre 1985. Dieser wiederum – ein Schüler von Fritz Wotruba – wurde 1935 in Golling im Erlauftal geboren.

»Am liebsten möchte ich in die Figuren hineinsteigen, ganz innen sein, sie durch mich bewegen und vor lauter Begeisterung explodieren«, soweit Oskar Höfinger über seine Skulpturen.

2. Tivolibrücke
Zugang: Bus 63 A, Bus 8 A

Grenzorte haben nichts von ihrer Bedeutung verloren, sie sind signifikant durch ihre elastische Funktion: Einerseits trennen sie, andererseits verbinden sie. Zwei Eigenschaften, die entweder als Bedrohung oder als Bereicherung wahrgenommen werden. Nichts eignet sich besser für einen Grenzort als eine Brücke.

Im konkreten Fall ist es die Tivolibrücke über die Grünbergstraße. Über sie kommen wir von Meidling in den Schönbrunner Schlosspark. Ich erinnere mich an ein Foto, das anlässlich der Eröffnung der Grünbergstraße aufgenommen wurde: Der Fotograf stand auf der Brücke, über die autofreie Straße stiegen sechs oder sieben Stadtpolitiker flotten Schrittes Richtung Berg hinauf, in der Mitte der Bürgermeister Franz Jonas, hinter ihnen eine froh-lockende Menschenmenge..

Die Tivolibrücke wird von zwei Sphingen bewacht. Ursprünglich hatten sie parallel zur Hohenbergstraße ihre Position bezogen, nun zählen sie zu den verrückten Denkmälern: Sie wurden um 90 Grad gedreht. Leider können sie nicht mehr das Eingangstor bewachen, das Maria-Theresien-Tor, ihre verschränkten Pranken können nicht die Kleine Gloriette vor zudringlichen Menschen-massen beschützen.

Füttern verboten! Die Sphinx vor der Tivolibrücke

Die Kleine Gloriette ist jener achteckiger zweigeschossiger Turm gleich hinter dem Maria-Theresien-Tor. Laut Energetikern soll die Kleine Gloriette negative Strahlungen auslösen, die zu Mie-seleien, Siechtum und Bauchweh führen. Deswegen ist sie auch in der Regel geschlossen – vor Jahren diente sie noch als ein Mini-Kaffeehaus.

Die Tivolibrücke manifestiert tatsächlich eine harte Grenze. Auf der einen Seite die Gartensiedlung »Am Tivoli« mit 388 Wohnungen in 65 Wohnhäusern mit 92 Stiegen, errichtet 1927–1928 unter sozialdemokratischer Ägide. Vorher befand sich hier das gefürchtete Gatterhölzl, das von Obdachlosen und sonstigen Gestalten bevölkert wurde.

Auf der anderen Brückenseite liegt Hietzing mit seinem exklusiven Schlosspark und zahlreichen auf Bäumen huschenden Eichhörnchen.

Haarscharf an die Grenze geschmiegt, jedoch eindeutig auf Meidlinger Seite, sichten wir den Würstelstand »Zum Imperator«. In der Tat, der Würstelstandler gleicht in seiner Erscheinung dem Kaiser Franz-Joseph, selbst auf seinem Lieferwagen prangt das Logo mit der kaiserlichen Gesichtspartie.

Wir empfehlen das Verzehren einer Leberkässemmel beim Imperator.

3. Checkpoint 10/12

Der mit historischer Bedeutung gesegnete Checkpoint-Charlie verband in Berlin die in Ost und West geteilte Welt, oder anders herum, er trennte als Grenzkontrollstelle auf der Friedrichstraße die Berliner Welt in einen Ostberliner Teil und einen Westberliner Teil.

Unser Checkpoint 10/12 am Wienerberg verbindet die Bezirke Favoriten und Meidling, und hoffentlich wird es zu keinen Grenzabriegelungen und Blockierungen kommen, die die gefürstete Grafschaft Meidling von der großherzöglichen Niederlassung Favoriten, von manchen auch als Kleinsultanat bezeichnet, trennen. Niemand benötigt Einreisevisen oder Umrechnungsgebühren, der Meidlinger Euro und der Favoritner Euro wird als Zahlungsmittel anerkannt, und der Leberkässemmel ist es wurscht, von wem sie verspeist wird.

Wir nähern uns dem Checkpoint 10/12 auf der Wienerbergstraße, die gradwegs auf der Kante des Wienerberges verläuft. Der Wienerberg wird nicht mehr als Berg wahrgenommen, sonst müsste man ihn als »Wiener Berg« bezeichnen, der mit seiner geringen Höhe auch niemanden beeindruckt hätte. Auf der Linken, also im Süden, stand einst der für Meidling charakteristische Gasometer, die Gasometerstube in Meidling erinnert noch daran. Auf der Rechten erblicken wir den Max-Opravil-Hof, benannt nach dem Maschinenschlosser Max Opravil, Obmann des Meidlinger Schutzbundes 1934, nach dem Krieg Obmann der Naturfreunde. Eine kleine Anmerkung: »Opravil« kommt natürlich aus dem Tschechischen. Dort bedeutet es »Er hat verbessert«.

Dann erreichen wir die Eibesbrunnergasse. Die führt jedoch keineswegs nach Eibesbrunn, dieser niederösterreichische Ort liegt östlich von Wien. Die Gasse ist nach den Brüdern Erich und Michael Eybesbrunner benannt. Und denen gehörte in Eglsee ein See, in dem man Egel züchtete, Blutegel, die für medizinische Anliegen verwendet wurden. Der Eglsee liegt allerdings in Hetzendorf bei der heutigen Eglseegasse.

Dann lieber doch die Leberkässemmel. Drüben steht er schon, der Kiosk Checkpoint 10/12. Frau Anni erläutert: »Wir da san im Zehnten, drüben ist der Zwölfte!« Vor und seitlich des Kioskes stehen ein paar Tische, ein riesiger Schirm bietet Schutz vor Unbill des Wetters. Die Tische und die Sessel stehen auf der verlängerten Parkfläche der nahen ÖAMTC-Servicestelle. Und Kontakte werden – ohne Einreisepapiere – schnell geschlossen. »Servas, i bin der Fritz«. – »Und i der Peter«. Dann wird gach angestoßen.

Wenn das beim historischen Checkpoint-Charlie in Berlin auch so funktioniert hätte? Dann wäre die Berliner Mauer um 28 Jahre früher gefallen.

2. Kapitel

Und is' schon vorbei!
Blick in die Vergangenheit

Niemals Vergessen!

1. Die vier Straßenbahner

Ort: Ehemaliger Betriebsbahnhof Meidling, Edelsinnstraße

Der ehemalige Betriebsbahnhof Meidling der Wiener Straßenbahnen befand sich zwischen der Koppreitergasse und der Edelsinnstraße. Er wurde 1977 geschlossen. In der nördlich des Bahnhofes gelegenen Edelsinnstraße erblicken wir eine Tafel, die es schafft, zwei Ereignisse zu verbinden, die sich eigentlich total widersprechen.

Die Überschrift lautet: Unsterbliche Opfer. Man kann über die Bedeutung und Verwendung eines »Opfers« debattieren, machen wir hier nicht. Sie opferten ihr Leben, damit machten sie sich unsterblich. Die unsterblichen Opfer reichen laut Text übrigens von 1934 bis 1945, ist okay, damit kann man leben.

Im engeren Sinn gab es nur vier Menschen, die ihr Leben opferten und vor denen wir unsere Hüte ziehen wollen. Wegen Geldsammlungen für inhaftierte Straßenbahner und wegen Verbreitung illegaler Schriften wurden sie von den Nazis hingerichtet.

Wir wollen sie hier namentlich anführen. Sie hießen: Leopold Ecker (1902–1943); Friedrich Faß (1902–1943); Karl Krivanek (1903–1943); Nikolaus Trajkovic (1891–1944)

Unter ihren Namen folgen noch drei Wörter, die wir so belassen möchten: »Sie sanken dahin«.

Eine zweite darunter angebrachte Tafel enthält jedoch folgenden Text:

»Den Opfern des 21. Februar 1945 und den Gefallenen des Krieges«

Gefallene des Kriegs? Also Angehörige der Wehrmacht, oder gar der SS, oder der Organisation Todt? Jetzt wird's kompliziert, weil wir wollen keine Kollektivschuld aussprechen und nicht jeden verurteilen, der im Rahmen einer Nazi-Organisation seinen von ihm möglicherweise gar nicht angestrebten »Dienst« versah. Aber warum sollen die »Kriegsgefallenen« posthum auf der selben Tafel geehrt werden wie jene, die vor diesem Kriege warnten und deshalb von den Nazis umgebracht wurden?

Wer sich für das Datum »21. Februar 1945« interessiert: An diesem Tag ereignete sich ein Bombenangriff, der auch Teile der Remise zerstörte – immerhin lag sie in der Nähe der oft bombardierten Südbahn. Wir nehmen an, dass bei diesem Bombenangriff auch Zivilisten getötet wurden.

2. Hermann Leopoldi
Ort: Schönbrunnerstraße 218

In der Schönbrunnerstraße 219 wurde am 15. August 1888 ein gewisser Hersch Kohn geboren, seine Eltern hießen Hermine und Leopold Kohn. Ihr Erstgeborener hieß Ferdinand (1886–1944) und sollte Jahre später mit dem jüngeren Bruder Hersch wegen des ähnliches Aussehens als »symmetrisches Duo« auftreten.

Bereits Vater Leopold Kohn vermutete, dass bei der Verwendung des Namens Kohn die Begeisterung des Publikums für die von ihm so gern gespielten Wiener Lieder sinken würde – werch ein Illtum – und trat unter dem Pseudonym »Leopoldi« auf. Die heute noch immer grassierende sprachliche Mischkulanz bestätigt ein Blick auf das Haustor 219 der Schönbrunnerstraße: Daneben ordiniert der Oberarzt Stanislaus Rakusan. Und als Rakušan bezeichnen unsere nördlichen Nachbarn einen Österreicher.

Unser Hermann Leopoldi ersetzte den »Hersch« durch den deutschen Vornamen »Hermann« auch amtlicherseits, weil man einem Hersch keine Wiener Hetz zutraute. Und Hermann Leopoldi schrieb dann die inoffizielle Meidlinger Hymne, und zwar im Jahr 1957. Freilich nicht gerade sein bestes Lied, freilich klingt ungebremster zugespitzter Meidlinger Lokalpatriotismus durch, wir wollen's aber trotzdem zitieren:

I bin ein waschechter Meidlinger Bua
Mia draußt in Meidling mia ham an Hamua
Im 12. Hieb samma alle bekannt,
mit unsre Madeln samma galant
deshalb schauns uns dann
a so freindlich an
weil sie alle wissen tan
dass ma aa aus Meidling san.

In diesem Zusammenhang sollte man erwähnen, dass Hermann Leopoldi laut seinen eigenen Texte nicht nur in Meidling beheimatet war. So schrieb er – übrigens um einiges eleganter:

I bin a Hütteldorf-Hackinger
aus Hütteldorf bei Wien.
Ich weiß mir nix Gescheiteres
drum bleib ich bis auf weiteres
ein Wiener Kind ein heiteres
aus Hütteldorf-Hacking bei Wien

Nach 1933 unterstützte er privat sowie durch seine Auftritte den autoritären Ständestaat, dem er als taugliche Instanz gegen die Nationalsozialisten vertraute. Hingegen nicht komponiert hat er das Dollfußlied (»Wir Jungen stehn bereit!«), obwohl dies noch immer von Historikern behauptet wird. Das Dollfußlied schrieb Rudolf Henz – leitender Angestellter der Ravag – nach der Ermordung des Bundeskanzlers Engelbert Dollfuß durch den Nazi Otto Planetta, dabei imitierte er ein bisschen stark das von Nazis bei ihren Aufmärschen gebrüllte Horst-Wessel-Lied: »Ihr Jungen, schließt die Reihen gut!«

Die Debatten erhitzten sich nach der Okkupation Österreichs durch die Nazis: Als offizieller Komponist des Dollfußliedes wurde ein »Austriacus« genannt. Im »Völkischen Beobachter« stellte man Vermutungen an, dass sich hinter diesem Pseudonym der »jüdische Klavierhumorist Hermann Leopoldi« verberge. Daraufhin wurde er am 26. April 1938 in seiner Wohnung in der

Marxergasse 25 verhaftet und erst nach Dachau, dann nach Buchenwald verfrachtet.

Sein Bruder Ferdinand, der in der symmetrischen Band zusammen mit ihm auftrat, trieb sich auf der Flucht erst in Bulgarien und später möglicherweise in Odessa herum, aus bisher ungeklärten Gründen reiste er nach Wien zurück. Bis zu seiner Denunzierung lebte er im Wiener Untergrund. Nach einer offiziell als »Verhör« bezeichneten Folterung durch die Gestapo-Schergen wurde er ins Rothschild-Spital gebracht, wo er am 20. Dezember 1944 an den Folgen des »Verhörs« starb.

So blickt »ein Wiener Kind ein heiteres«

Ab September 1938 war Hermann Leopoldi – gemeinsam mit Fritz Grünbaum und Fritz Löhner-Beda – im KZ Buchenwald inhaftiert. Wir erwähnen das Buchenwaldlied, der Text stammt von besagtem Fritz Löhner-Beda, die Melodie von Hermann Leopoldi:

Und die Nacht ist kurz und der Tag ist so lang
Doch ein Lied erklingt das die Heimat sang
Wir lassen den Mut uns nicht rauben!
Halte Schritt Kamerad und verlier nicht den Mut
Denn wir tragen den Willen zum Leben im Blut
Und im Herzen im Herzen den Glauben . . .

Kurioserweise verdanken wir dieses Lied der Lagerleitung Buchenwald: Arthur Rödl, der Lagerleiter, verlangte von den Häftlingen, an einem Wettbewerb teilzunehmen und Lieder zur Erheiterung des Lagerlebens zu komponieren.

Vier Jahre später zeigten die Nazis ihr wahres Gesicht. Am 4. Dezember 1942 wurde Fritz Löhner-Beda in Auschwitz von Aufsehern zu Tode geprügelt, weil er das von ihnen befohlene Arbeitstempo nicht mehr einhalten konnte.

Dieses Schicksal blieb Hermann Leopoldi erspart: Die Eltern seiner damalige Frau lebten 1938 bereits in den Vereinigten Staaten, sie schickten ein »Affidavit«, also eine Bürgschaftserklärung, möglicherweise wurde auch Geld bezahlt, vielleicht zeigte die Enthüllung von Rudolf Henz über den Komponisten des Dollfußliedes Wirkung – jedenfalls ließen die Nazis den »Klavierhumoristen« auswandern.

1947 kehrte er wieder in seine ehemalige Heimat zurück, Einladungen erfolgten sowohl von rechts – Felix Hurdes – als auch von links – Viktor Matejka. Hermann Leopoldi zählte somit zu den wenigen Remigranten, die meisten blieben uneingeladen und grollend im fernen Exil. Doch Hinweise auf seine jüdische Herkunft sowie sein amerikanisches Exil sollten weder von Hermann Leopoldi noch von der Presse erfolgen, möglicherweise hielt man solche Hinweise damals nicht für opportun.

1957 schrieb er dann die »Meidlinger Buam«, ehe der »waschechte Meidlinger Bua« am 28. Juni 1959 in der Wiener Poliklinik starb.

Zu guter Letzt wollen wir ein fast nie gespieltes Lied von Hermann Leopoldi zitieren, welches er im Mai 1945 geschrieben hatte:

Herr Meyer, Herr Schreier, Herr Huber, Herr Hals,
Die sitzen in einem Cafe in Hernals –
Sie sitzen gebrochen, beleidigt, verletzt –
Warum hat man Wien jetzt geviertteilt, besetzt?
Die Luft ist sehr dick, der Kaffee ist sehr dünn –
Es war'n doch ka Nazi bei uns hier in Wien!
Und wenn wir auch manchmal Heil Hitler gebrüllt,
im Inneren, da hab'n wir ganz anders gefühlt.
Die Welt muss gerecht sein, die Welt muss uns hör'n –
Sonst werden wir uns einfach beim Salzamt beschwer'n!

3. Norbert Futterweit
Ort: Meidlinger Hauptstraße 19

Wir halten derweilen beim Konsumenten-Schutz auf der Meidlinger Hauptstrasse 19. Denn hier passierte eine elendige Geschichte. Am 12. Juni 1933 – im gesamten Juni 1933 verübten die Nazis mehrere Morde, sie warfen Bomben und zündeten Häuser an – also am 12. Juni 1933 stand der jüdische Juwelier Norbert Futterweit in seinem kleinen Laden. Mit ihm seine »arische« Verkäuferin sowie ein Uhrenhändler, bei dem es sich möglicherweise um einen Vertreter handelte, und einige Kunden.

Herr Norbert Futterweit war damals im 34. Lebensjahr, er hatte sich 1917 als junger Bub freiwillig zum Kriegsdienst gemeldet, war verheiratet und hatte ein Kind. In den Quellen konnten wir nichts Außergewöhnliches oder Spektakuläres aus seinem bisheriges Leben finden – etwa politische oder religiöse Aktionen.

Bis zum 12. Juni 1933. Kurz nach 10 Uhr vormittags radelten zwei Burschen vor dem Geschäft vorbei. Der eine warf dem anderen ein Paket zu, der zweite warf selbiges in den Juweliersladen. Das Paket landete am Boden und begann zu qualmen und zu rauchen, Herr Futterweit erinnerte sich an Parallelerlebnisse während seines Kriegseinsatzes. Kurz entschlossen packte er das Packerl, rannte aus seinem Laden hinaus auf den Gehsteig – da explodierte die Bombe in der Hand des Juweliers und zerstückelte ihn. Mit ihm starben ein – andere Quellen sprechen von zwei – zufällig des Weges gehende »arische« Passanten. Dem »arischen« Kunden und seiner »arischen« Verkäuferin rettete Herr Futterweit mit seiner waghalsigen Aktion das Leben.

Wer waren die Radlfahrer? Einer, ein arbeitsloser Kellner, hieß Josef Krcil oder Josef Crcil, offiziell wurde er als Josef Kreil bezeichnet. Beim zweiten könnte es sich um den Buchbindergehilfen Johann Teuer gehandelt haben.

Erinnerungstafeln sind ein Beitrag zur Geschichte

Als Planer oder Organisator dieses Mordes wird von manchen der spätere SS-Standartenführer Odilo Globočnik bezeichnet. Es gibt sogar – eher unglaubwürdige – Berichte der Eight United States Army, dass Globočnik selbst den Sprengsatz geworfen habe. Anderen Quellen zu Folge wurde das Attentat von einem Max Grillmayer von der SS-Standarte 11 geplant.

Egal. Die Jungspunde flüchteten nach den Morden – sie zerstückelten ja zumindest zwei Personen – ins Deutsche Reich, kehrten indes 1938 zurück zur Stätte ihres grauslichen Wirkens. Und Odilo Globočnik avancierte zum Leiter des »Aktion Reinhardt« (Tötung aller Juden aus dem deutsch besetzten Polen), mit der wir sein grauenhaftes Kapitel für immer schließen wollen. Er selbst schloss sein Kapitel, als er Ende Mai 1945 nach der Arretierung durch die britische Armee Selbstmord beging.

In der Nachkriegszeit wurde das Attentat an Herrn Futterweit in den Wiener Volksgerichtsprozessen wieder aufgerollt. Vor dem Volksgericht musste sich der Bombenwerfer Josef Kreil – oder Krcil – verantworten. Das Gericht verurteilte Josef Kreil zu lebenslanger Haft. Einen Teil dieser lebenslangen Haft verbüßte er in der Justizanstalt Stein. Die Historiker gehen davon aus, dass Josef Kreil 1957 in den Genuss der großen Amnestiewelle kam.

Schlussendlich wollen wir auf das Schicksal der restlichen Familienmitglieder von Norbert Futterweit aufmerksam machen. Sie wurden von den Nazis umgebracht: Seine Frau Anna, sein Sohn Theodor sowie seine Brüder Jakob und Salomon.

Heutzutage kann man sich an Norbert Futterweit erinnern. Auf dem Haus mit der Nummer 19 der Meidlinger Hauptstraße wurde im Jahre 2008 eine Tafel angebracht. Wir lesen: »An dieser Adresse wurde am 12. Juni 1933 der jüdische Juwelier Norbert Futterweit Opfer eines nationalsozialistischen Bombenattentats«.

Autorin und Autor bedanken sich beim Meidlinger Kulturkreis.

4. Gertrude Pressburger
Ort: Belghofergasse 34

Keine Tafel der Erinnerung finden wir in der Belghofergasse 34. Also müssen wir selbst eine gestalten. »Hier lebte von 1930 bis 1937 Gertrude Pressburger. Als einzige ihrer Familie überlebte sie die Nazi-Herrschaft«.

Jetzt kurz und chronologisch: Am 11. Juli 1927 wurde Gertrude Pressburger in Wien geboren. Ab 1930 lebte sie in der Belghofergasse 34 mit ihren Eltern Gisela und Ernst und ihren beiden Brüdern Heinrich Peter oder kurz Heinzi und Josef Ernst oder kurz Lumpi. Im Jahre 1930 konvertierte die jüdische Familie zum Katholizismus. Als jemand im Innenhof des Hauses eine gußeiserne

Pfanne nach ihrer Mutter schleudert, übersiedelt die Familie in die Wehlistraße in einen Gemeindebau. Nach der Machtergreifung durch die Nazis flüchtet die Familie sechs Jahre lang erst durch Jugoslawien und Italien, ehe sie im März 1944 aufgegriffen und nach Auschwitz deportiert wird. Ihre Geschwister und ihre Mutter wurden schon in Auschwitz ins Gas geschickt, ihr Vater wurde höchstwahrscheinlich am 10. Februar 1945 in Buchenwald ermordet.

Die 18-jähriger Gertrude überlebte Auschwitz und kehrte nach einem zweijährigen Aufenthalt in Schweden nach Wien zurück. Aber nicht mehr in die Belghoferstraße, die wollte sie nicht mehr sehen.

Dafür wurde Gertrude Pressbuger in der Öffentlichkeit durch eine Videobotschaft im Jahre 2016 bekannt. Auf ihr bekundete sie als »Frau Getrude« in einer teils emotionalen, teils ergreifenden Rede ihre Abscheu vor den Verächtlichmachern und Beschimpfern und rief dazu auf, Herrn Van der Bellen zum Bundespräsidenten zu wählen. Bitte unbedingt anschaun, die Rede wurde binnen paar Tagen von drei Millionen angeklickst: https://www.youtube.com/watch?v=uWzzbmvSpCQ

Letztendlich wurde sie von Journalistin Marlene Groihofer bestärkt, ihre Geschichte aufzuschreiben. Davon erzählen wir im vierten Kapitel.

5. Louis Häflinger
Ort: Vierthalergasse 11–17 / Rauchgasse

An einem Haus des Gemeindebaus in der Vierthalergasse 11–17 – bei der Kreuzung mit der Rauchgasse – finden wir eine Marmortafel mit einem sehr überraschenden Text: »In diesem Haus wohnte von 1954–1993 Louis Häflinger, dem zehntausende Insassen des Konzentrationslagers Mauthausen ihr Leben verdanken. Ehre seinem Andenken.«

Zehntausende Insassen? Mauthausen? Wer war dieser unbekannte Held namens Louis Häflinger?

Erst einmal ein schlichter Bankbeamter, geboren 1904 in der Schweiz. Im Zweiten Weltkrieg engagierte er sich als Freiwilliger des Internationalen Komitees des Roten Kreuz (IKRK). Im Frühjahr 1945 wurde er von seiner Organisation beauftragt, in oberösterreichischen KZ's »nach dem Rechten zu sehen« und Lebensmittel zu verteilen. Was Häfliger sah, war die mörderische Atmosphäre des Konzentrationslagers Mauthausen. Von einem angeblich besoffenen SS-Obersturmführer namens Reimer, der das Ende des Dritten Reichs ahnte und sich eine günstige Startposition für alles Kommende verschaffen wollte, erfuhr er Schreckliches:

Die Lagerleitung, repräsentiert in Gestalt von Franz Ziereis sowie in Gestalt des oberösterreichischen Gauleiters August Eigruber, beabsichtigte, einen letzten Befehl des Reichsführers SS Heinrich Himmler in die Tat umzusetzen. Dieser lautete, sämtliche Überlebenden der KZ's Mauthausen, Gusen I und Gusen II in die Stollen der Lager Gusen I und II zu treiben und die Stollen anschließend zu sprengen. Also Tod für alle.

Häfliger wusste, dass er unverzüglich handeln musste, und er handelte auch unverzüglich: Er ließ einen KZ-eigenen Opel Kadett weiß lackieren und ein Rotes Kreuz auf diesen affichieren. Mit diesem getarnten Wagen fuhr er den amerikanischen Verbänden entgegen, da diese sich bereits näher beim KZ Mauthausen befanden als die sowjetischen Verbände. Als Häflinger einen amerikanischen Panzer sichtete, gelang es ihm, diesen zu stoppen und dem Kommandanten Al Kosiek sein Anliegen vorzutragen: Al Kosiek stimmte zu, es erfolgte die schnelle Befreiung der Konzentrationslager und der Ortschaften in der Umgebung. Durch diese couragierte Handlung konnte keiner der Insassen in irgendwelche Stollen getrieben werden, um dort bei der Sprengung elendig zu krepieren. Dementsprechend wurden die amerikanischen Panzer und ihre Besatzung von den Insassen als Befreier empfangen und bejubelt.

Auf diese etwas unorthodoxe Art, die Häfliger in Folge noch viel Ungemach bereiten sollte, gelang es ihm, etwa 60.000 KZ-Insassen vor der Vernichtung zu retten. Häfliger hatte damit allerdings die Neutralitätsklausel des IKRK verletzt. Und dazu ein Auto falsch deklariert. Diese Delikte sollten ihm sofort nach dem Krieg beträchtlich schaden: In der Schweiz setzte ein Kesseltreiben gegen ihn ein. Er verlor nicht nur seinen Job als Schweizer Bankbeamter. Seine Ehefrau ließ sich mit der Begründung, sie habe einen Bankbeamten und keinen Abenteurer geheiratet, von ihm scheiden. Und einen neuen Job fand er nicht.

So kam es, dass Louis Häfliger 1946 nach Österreich auswanderte. 1950 sowie 1988 wurde er für den Friedensnobelpreis nominiert. Sowohl in Israel als auch in Österreich erhielt er zahlreiche Auszeichnungen als »Retter von Mauthausen«. Und 1954 übersiedelte er in besagten Meidlinger Gemeindebau, in dem er von 1954 bis 1993 lebte. Wir vermuten, dass keiner der Gemeindebaubewohner auf ihn getippt hätte, wäre von einem »Retter von Mauthausen« die Rede gewesen. Im Jahr 1993 verstarb er, allerdings in Podbrezová in der Slowakei, dem Wohnort seiner letzten Ehefrau. Und in Meidling erhielt er an seinem ehemaligen Wohnhaus die oben erwähnte Marmortafel. »In diesem Haus wohnte von 1954–1993 Louis Häflinger, dem Zehntausende Insassen des Konzentrationslagers Mauthausen ihr Leben verdanken. Ehre seinem Andenken.«

Beitrag zur Geschichte, Nr. 2

Pülcher und Pülcherinnen

1. »Schani« Johann Breitwieser

Natürlich kommt auch unser Bezirk nicht aus ohne die »bösen Buben und Mädchen«. Wir beginnen mit dem Meistereinbrecher aus Meidling, mit Georg Breitwieser. Unser »Schani« wurde am 13. April 1891 geboren, kurz darauf erfolgte seine Taufe in der dem Nepomuk geweihten Kirche am Migazziplatz. Sein Vater hackelte als Schuhmachergehilfe, seine Mutter war hauptberuflich schwanger, sie brachte 15 Kinder zur Welt. Der Schani, der in seiner frühen Jugend Not & Elend & Entbehrung kennengelernt hatte, schlich schon in seinem 14. Lebensjahr ins Gatterhölzl, dort hausten Obdachlose, Arbeitslose, halt das, was man als Gesindel bezeichnete. Und dort im Gatterhölzl ging der Schani regelrecht in die Schule – der öffentlichen Schule ist er eher ausgewichen.

Vom Kriegsdienst hielt er wenig. Bei der Musterung simulierte er einen »Verrückten«, wurde sodann in die Psychiatrie überwiesen, aus der er bald darauf flüchtete. Im Jahr 1917 marschierte er in der Uniform eines Oberleutnants in der Mittagspause in die Zahlstelle im Kriegsministerium am Wiener Stubenring. Dort ließ er die Kassa mit 100.000 Kronen mitgehen. In der Munitionsfabrik in Hirtenberg stahl er aus einem Panzerschrank, der als einbruchsicher galt, die Kassa mit einer halben Million Kronen. Der Breitwieser Schani soll äußerst großzügig zu seinen Freundinnen und Freunden gewesen sein, in Meidling feierte man ihn als Volksheld, als Star, der es mit den ganz Großen aufnimmt.

Jedenfalls war für den Schani der Einbruch ein Gewerbe, und das muss man im Schweiße seines Angesichts auch ohne Schulbesuch erlernen. Er studierte Fachliteratur aus dem In- und dem Ausland, er besaß verschiedenste autogene Schweißapparate mit Hitzeentwicklung bis zu dreitausendsechshundert Grad, in seinen Heften erstellte er Formeln und Berechnungen für die richtigen Vorgangsweisen bei den Einbrüchen.

Der Meidlinger Einbrecherkönig, der Nachname ist nicht ganz korrekt

Doch am 1. April 1919 – kein Aprilschmäh – war es soweit. Egon Erwin Kisch schildert in seinem Buch »Der rasende Reporter, Berlin 1925«, wie die Polizisten vom Wiener Franz Josefs-Bahnhof aufbrachen, sein Haus in Andrä-Wördern – Kisch entriss dabei der oder dem Andrä ihr oder sein Sanktus – umzingelten und ihn schließlich auf der Flucht erschossen. Wobei Kisch – seiner Erzählperspektive folgend – beobachtender Zeuge der Vorgänge am 1. April war – was in dieser Form der Wahrheit nicht ganz entsprechen konnte. Kisch zeichnete sogar einen Detailplan von Villa, Garten und Fluchtweg. Der erste Satz seiner Reportage lautet: »Die Verfolger haben Angst vor dem Verfolgten«. Und sein letzter Satz: »Schade, schade dass er ein Gewerbe gewählt hatte, das schwierig und gefährlich ist und letzten Endes nichts einbringt als den Tod von der Hand der Verfolger, die den Verfolgten fürchteten!«

Wohl zum zweiten Mal in seinem Leben – allerdings war er zu diesem Zeitpunkt bereits tot – erfuhr der Schani in der Nepomuk-Kirche am Meidlinger Migazziplatz die Erteilung eines Sakraments. Im Sarg wurde er zur Verabschiedung geschoben. Dann ging's – wie vorhin geschrieben, Abertausende begleiteten den Einbrecherkönig auf seiner letzten Reise – zum Meidlinger Friedhof. Schließlich war er – wir zitieren Alfred Polgar, Kleine Schriften Band 1, 1983 – »unser tüchtigster, energischster, erfolgreichster Einbrecher. Wir hatten keinen besseren.«

Der Breitwieser Schani erhielt jedoch kein eigenes Grab, er liegt im Grab der Familie Bohdanecky, Abteilung 1, Gruppe 1. Von dort hört er die Durchsagen für jene Züge, die nach Budapest, nach Zagreb und nach Břeclav fahren. Oder auch nicht: Laut Alfred Polgar ist er längst im Paradies, wo die Polizisten Palmwedel haben und die Einbrecher Maschinengewehre.

In manchen Kreisen wird die Erinnerung an unseren Schani neu belebt. Er erhält eigene T-Shirts, auf ihnen wird eine legendäre Auseinandersetzung während einer Gerichtsverhandlung dokumentiert. Der Richter fragte ihn, warum er denn einbreche. Der Schani konterte nur mit zwei Worten: »Aus Not«. Die T-Shirts kann man in der »Siebdruckeria« von Tiberiju Nikolic in der Lacknergasse 56, 1170 Wien, erwerben. Darauf steht über dem Bildnis des Einbrecherkönigs: »Warum? Aus Not«

Darüber hinaus hat der Schani eine eigene Internetseite: http:// breitwieserschani.at/

Sie wird von Michael Strasser betreut, seines Zeichens Netzwerker, genealogisch ein Enkel eines jüngeren Cousins des Meidlinger Einbrecherkönigs.

2. Ernst Karl

Ältere Mitbürger können sich noch an das Einkaufshaus »Tivoli« erinnern, das gleich neben dem Meidlinger Markt stand – auf dem Gelände des heutigen Interspar. In besagtem Tivoli fand einer der spektakulärsten Mordfälle der Wiener Kriminalgeschichte statt: Der Tivoli-Fall.

Am 17.4.1968 kannte die AZ noch nicht alle Fakten

In der Nacht vom 15. auf den 16. April 1968 erschoss der Polizist Ernst Karl zwei vermeintliche Einbrecher. Bei der Untersuchung des Falles bekräftigte er, dass er den Männern in die Garage des Tivoli gefolgt sei und sie aus Notwehr erschossen habe.

Bald stellte sich heraus, dass die vermeintlichen Einbrecher durch sieben Kugeln durchsiebt wurden, die aus unmittelbarer Nähe abgefeuert wurden. Sieben Kugeln! Die Notwehrversion war somit durchlöchert. Zudem sagten Bekannte der Ermordeten aus, der Polizist habe die beiden »Einbrecher« privat gut gekannt und ihnen auch eine Pistole geschenkt. Also eine neue Variante: Der Polizist Ernst Karl habe mit den Einbrechern gemeinsame Sache gemacht, wollte jedoch die Beute für sich behalten und die Komplizen für immer aus dem Wege räumen.

Bald folgte die Version Nummer drei: Der Polizist Ernst Karl sagte aus, dass die beiden Männer ihn wegen seiner Homosexualität erpresst hätten. Um ihren finanziellen Forderungen nachzukommen, habe er selber schon strafbare Handlungen begangen. So sei ihm nichts anderes mehr übrig geblieben, als den beiden Erpressern eine Falle zu stellen. Er schlug ihnen einen Einbruch in das Tivoli vor. Motivation: Er selbst habe in jener Nacht Dienst und werde in Uniform dazu Schmiere stehen. Doch er folgte ihnen, brachte sie durch Zureden dazu, sich umzudrehen, und streckte sie mit mehreren Schüssen nieder.

Kurz zur weiteren Geschichte des Polizisten Ernst Karl: Er wurde wegen zweifachen Mordes zu lebenslanger Haft verurteilt und in die Justizanstalt Stein überstellt. Beim Prozess beklagte er sich darüber, dass man ihn nach seiner Tat im Sicherheitsbüro geschlagen habe, obwohl er noch in Uniform war. »Nicht die Schläge schmerzten ihn, sondern die Schändung der Dienstkleidung«, so der Staatsanwalt Werner Olscher in seinem Buch »Lebenslänglich«. In der Justizanstalt in Stein erwürgte er mit bloßen Händen am 15. Jänner 1974 einen Mithäftling. Nach diesem Vorfall wurde er in einer Spezialabteilung interniert.

In seinen psychotischen Schüben hielt er sich für einen Polizisten, der die Welt vor allen Verbrecherbanden retten musste, zudem glaubte er, stets von anderen Zellen aus beschossen zu werden. Als er seine Zelle in der Spezialabteilung zertrümmerte, wurde er am 14. Juni 2001 in einem abgesonderten Haftraum auf einem Gurtenbett fixiert, also auf gut Deutsch, er wurde gefesselt. Obwohl die Justizbeamten aussagten, dass sie alle dreißig Minuten Kontrollen durchgeführt hätten, wurde Ernst Karl am nächsten Morgen tot mit blutverschmiertem Gesicht in seinem Gurtenbett aufgefunden. Die Todesursache war ein Darmverschluss. Hat er sich selbst gerichtet? Wohl kaum, da er ja gefesselt war. Bis heute ist es ungeklärt, welche Umstände tatsächlich zum Tod des Tivoli-Mörders führten. Die Staatsanwaltschaft Krems nahm Erhebungen gegen die amtierenden Beamten und die untersuchenden Ärzte auf, stellte diese jedoch am 15. Mai 2002 wieder ein. Begründung: Ernst Karl sei eines natürlichen Todes gestorben. Ende der traurigen Geschichte eines grausamen Mörders.

3. Estibaliz Carranza, die »Eislady«

Ihre Beziehungen zu Männern waren oft gezeichnet von einer explosiven Mischung aus Liebe, die bis zur Unterwürfigkeit reichte, und Hass, der schlussendlich im Mord eskalierte. Geboren wurde sie am 6. September 1978 in Mexiko, aufgewachsen ist sie in Barcelona, nach ihrem Studium übersiedelte sie nach Bayern, wo sie in einem Dorf bei Nürnberg in einem Eisladen arbeitete. Hier lernte sie Holger Holz kennen, einen Verkäufer von Kühlgeräten und aktives Mitglied der Sekte Hara Krishna. Im Jahre 2002 heirateten beide, doch nach den Angaben von Frau E.C. zeigte Holger Holz nach der Hochzeit sein wahres Gesicht, er bedrohte sie, prügelte sie und zwang sie, der oben genannten Sekte beizutreten.

Eines der Bücher über die Eisladenbesitzerin

Im Jahre 2005 übersiedelten beide nach Wien, wo sie in der Meidlinger Oswaldgasse an der Kreuzung zur Wienerbergerstraße den Eissalon Schleckeria eröffneten, Holger Holz dürfte den Aufbau der Schleckeria finanziert haben. Frau E.C. lernte bald nach ihrer Ankunft in Wien den Eismaschinenverkäufer Manfred Hinterberger kennen und verliebte sich in ihn, später zogen beide in eine eigene Wohnung. Von Holger Holz ließ sich Frau E.C. scheiden, er verblieb jedoch in ihrer Wohnung. Am 27. April 2008 eskalierte die Situation. Nach der Arbeit im Eissalon kehrte Frau E.C. in die Wohnung zurück, wo ihr Exmann sie nach eigenen Aussagen beleidigte und denunzierte. Doch möglicherweise verlangte er jene Geldmittel, mit denen der Eissalon in der Oswaldgasse aufgebaut wurde und über die Frau E.C. nicht verfügte. Sie griff nach einer Baretta-Pistole und feuerte dreimal von hinten auf den Kopf von Holger Holz. Tot. Mit einer Kettensäge zerteilte sie die Leiche, steckte die Einzelteile in Plastiksäcke und fror diese ein. Diese Säcke betonierte sie in Wannen, die Wannen lagerte sie in einem nicht benötigten Kellerabteil in ihrem Eissalon in der Oswaldgasse.

Nun war einer innigen Beziehung zu Manfred Hinterberger nichts mehr im Wege. Glaubt man. Dieser steckte eine höhere Geldsumme in die Schleckeria, doch verlangte er von ihr diverse kosmetische Operationen. Und nach Aussagen von Frau E.C. unterhielt er mehrere Nebenbeziehungen. Der langen Rede kurzer Sinn: Auch Manfred Hinterberger musste aus dieser Welt weichen.

In der Nacht vom 21. auf den 22. November 2010 wartete sie, bis nach einem gemeinsamen Ausflug ihr Partner eingeschlafen war. Dann tötete sie ihn mit vier Schüssen in seinen Hinterkopf, die aus naher Entfernung abgefeuert wurden. Sodann zerlegte sie den Leichnam mit ihrer Kettensäge in mehrere Einzelteile, die Einzelteile betonierte sie in eine Tiefkühltruhe im schon bewährten Kellerabteil unter ihrem Eissalon. Von einem Mitarbeiter in einem Bauhaus hatte sie sich in der korrekten Betätigung der Kettensäge instruieren lassen.

Drei Dinge sind erwähnenswert: Nach dem plötzlichen Verschwinden ihres Exmannes Holger Holz gab sie an, dieser sei nach Indien zu seinen Sektenmitgliedern abgereist. Nach dem ebenso plötzlichen Verschwinden ihres Lebenspartners Manfred Hinterberger machte Frau E.C. eine Verlustanzeige. Und kurz nach dessen ominösen Verschwindens verliebte sie sich in den nächsten Mann, mit dem sie eine intensive Beziehung unterhielt. Aus dieser Beziehung sollte die Eisladenbesitzerin ihr erstes Kind zur Welt bringen.

Aber noch sind wir nicht so weit. Am 6. Juni 2011 – also etwa sieben Monate nach dem Mord an Manfred Hinterberger – brachen Handwerker im Zuge von Reparaturarbeiten im Hause mit dem Eissalon das Kellerabteil mit der Nummer 6 auf. Und sie staunten einigermaßen, als sie mehrere mit Beton gefüllt Tiefkühltruhen erblickten. Warum: Aus einer der Truhe ragte ein Unterschenkel heraus.

Wahrscheinlich staunten auch die Polizisten, als sie beim Auftauen der Truhen immer mehr Leichenteile fanden, die schlussendlich einem Manfred Hinterberger zugeordnet werden konnten. Von Holger Holz konnte nur mehr sein Schädel rekognostiziert werden. Wo sind die restlichen Körperteile geblieben?

Tags darauf, also am 7. Juni 2011, erfuhr Frau E.C. von Nachbarn vom Leichenfund in einem angeblich nicht benutzten Kellerabteil. Sie buchte ein Flugticket nach Paris, flüchtete aber mit einem Taxi nach Italien, da sie eine Überwachung des Wiener Flughafens befürchtete. In Udine wurde sie am 10. Juni festgenommen – sie hatte bei einem Straßenkünstler übernachtet, der nach ihren wirren Monologen über Leichenteile voller Schrecken die Polizei kontaktiert hatte.

Nach der Überstellung nach Österreich gebar Frau E.C. in der U-Haft ihren Sohn, der jedoch dem Vater übergeben wurde. Es wird immer krioser: Frau E.C. und der Kindesvater heirateten im März in der Vernehmungszone in der Justizanstalt Wien Josefstadt, trennten sich jedoch nach einigen Jahren, im August 2018 erfolgte die Scheidung.

Der Prozess gegen die Ex-Eisladenbesitzerin endete am 2. November 2012 mit einem Schuldspruch und einer Verurteilung zu einer lebenslangen Freiheitsstrafe.

Diese saß beziehungsweise sitzt sie erst im Frauengefängnis Schwarzau, später in der Justizanstalt Asten ab. Über Estibaliz Carranza erschienen zwei Bücher, in denen auch ihre Beziehung zu einem Mithäftling erwähnt wurde. Ab und zu berichtet die Boulevardpresse, die sie gerne als Eislady bezeichnet, über angebliche oder tatsächliche Eskapaden in der Gefängnishaft. Frau E.C. spielt bei manchen medialen Inszenierungen fleißig mit, urteilen zumindest ihre Kritiker. So wurde sie zur wohl bekanntesten Mörderin des deutschen Sprachraums.

Der Achter

Der Achter war jene Straßenbahn, die durch die Meidlinger Hauptstraße fuhr und damit wesentlich zur Bezirksidentität beitrug. Die Fortsetzung erfolgte am Gürtel, die Endstation war am Liechtenwerder Platz. Von dort fuhr der Achter seine Strecke zurück bis zum Meidlinger Bahnhof. Undsoweiterundsofort.

Eigentlich fuhr er nicht, er kreuchte. Diese Aussage stammt vom Kabarettisten Rudolf Weys. Von ihm wurde der Sketch »Ein Lord träumt« 1939 im »Wiener Werkl« gespielt: Nach der von den Nazis angestrebten und von Lord Runciman befürworteten Zerschlagung der Ersten Tschechoslowakischen Republik wird Wien in diverse Einzelstaaten zersplittert. Die Hymne der »Republik Mariahilf« beginnt wie folgt:

Hoch vom Westbahnhof
Wo der Achter kreucht
Bis hin zum Wientalstrand
bekränzt mit Schilf.

Zu singen nach den Noten der steirischen Landeshymne. Das ist die mit dem »Hoch vom Dachstein her«.

Der Achter kreuchte brav auf seinem relativ konstanten Wege ab dem 23. Mai 1907. Nach 82 Jahren seines Betriebes wurde an einem kühlen und leicht verregneten Tag – am 7. Oktober 1989 – die U 6 eröffnet, die damals bis zur Philadelphiabrücke fuhr. Und mit selbigem Tage wurde der Achter eingestellt, was heißt schon eingestellt, aufgelassen, aus dem Fahrplan gestrichen, der Verschwindung preisgegeben, für immer winkiwinki und baba.

Doch es erfolgten zwei kleine Widerstandsaktionen, die sich vor allem gegen den als Betonierer stadtbekannten Verkehrsstadtrat Hatzl richteten. Die allerletzte Garnitur des Achters erreichte am 7. Oktober 1989 um 13:30 den Meidlinger Bahnhof. Die

Waggons waren jedoch besetzt mit abkommandierten Schwarz-
kapplern, also Zivilkontrolleuren, welche die zu erwartenden
Proteste blockieren sollten. So konnten nur wenige Aktivisten,
die sich rund um die Zeitschrift »Fahrgast« sowie die neu forma-
tierte »Grüne Partei« gruppierten, zusteigen.

In den Achter können wir heute nicht mehr einsteigen

Der letzte Achter kreuchte zurück über die Meidlinger Hauptstraße, die Ullmannstraße und erreichte gekreucht den Betriebsbahnhof Gürtel. Gegen 14.30 Uhr verließen die Aktivisten angesichts ihrer Ohnmacht und Unterlegenheit den allerletzten
Achter, die Tore der Remise wurden geschlossen.

Aber es folgte noch eine kleine Eskalationsstufe. Das Ende des
Achters schien noch nicht endgültig zu sein, Bürgermeister Zilk
rührte im Gegensatz zu Stadtrat Hatzl nicht Beton an, sondern
lud die Aktivisten zu Verhandlungen ins Wiener Rathaus.

Nach einer von den Aktivisten mit Elan durchgeführten, jedoch
im Ergebnis ziemlich missglückten Volksbefragung vom 22 bis
zum 24. Feber 1990 war das Ende des Achters endgültig besiegelt.
Im folgenden Sommer wurde die Trasse demontiert, erst wurde
die Oberleitung entfernt, sodann die Gleise herausgerissen. Mitte
August 1990 erfolgte eine Sitzblockade auf der Kreuzung Sechshausner Gürtel/Ullmannstraße. Unter den Teilnehmenden be-

fanden sich die damals noch junge Grünpolitikerin Madeleine Pe-
trovic sowie der Fahrgast-Aktivist Georg Kupf! Eine Sitzblockade,
und das mitten in Wien! Auf dem Gürtel! Am helllichten Tage!

Die Räumung – so heißt es in den Polizeiprotokollen – erfolgte
durch die Einsatzkräfte der WEGA und verlief weitgehend
friedlich.

Kein Platz mehr für die Gleise des Achters

27 Jahre später, genau am 27. Oktober 2017, lese ich in der »Wiener
Zeitung« unter dem Titel: »Großoffensive für den 8er«:

*Die Bezirke und die Anrainer wollen die 1989 aufgelassene Gür-
telstraßenbahnlinie 8 auf jeden Fall zurück.*

Soda. Der Achter ist weg und soll es nach dem Willen der Wiener Linien auch bleiben, ich stolziere auf der Fußgängerzone in Meidling und gehe ins Lokal Testa rossa. Nein, ich gehe eben nicht ins Lokal, sondern setze mich zu einem der im Freien aufgestellten Tische unter einem großen Schirm und bestelle bei der Frau Kellnerin ein Achterl. Mit L. Vielleicht sogar mit dem Meidlinger L. Wahlweise Chardonnay oder Zweigelt. Also Chardonnay. Ohne L. Langsam greife ich zum Stiel und nippe am Glasrand. Das tät's aber nicht spielen, täte der Achter hier noch kreuchen. Ich hätte mich nie im Leben in den Schanigarten vor dem Lokal Testa Rossa setzen können.

So. Was ist besser, mein Achterl oder der Achter. Also »Prost!«.

Straßenbahnen

Es fuhr nicht nur der 8er. In Wien gab es dereinst das dichteste Straßenbahnnetz Europas: In allen größeren Gasserln quietschten und rumpelten und schepperten die stets rot-weißen Wagerln, und natürlich mit den markanten Bimmeltönen, die der Tramway – wir verwenden jetzt die ältere englische Form – den neuen Ausdruck »Bim« einbrachten. Nach anderen Quellen entstand die »Bim« in der Ära der Pferdetramway, denn die Rösser der »Bim« trugen eine bimmelnde Glocke um ihren Pferdehals.

Auch in Meidling bimmelten viele Straßenbahnen. Über den der Hauptstraße folgenden und deswegen Bezirksidentität stiftenden Achter haben wir schon berichtet, über einige weitere wollen wir jetzt berichten, um letztendlich die Dichte des Netzes zu illustrieren. Auf spezielle Sonderlinien wie den 18G oder den 8/36 wollen wir in halbwegs löblicher Absicht verzichten.

Über den 62er herrscht soweit Klarheit. Den kennt eine jede, mit dem ist schon jeder gefahren, der ist schon jedem davongefahren. Bald 120 Jahre bimmelt er die exakt 11,015 Kilometer von der Oper bis zur Umkehrschleife in die Wolkersbergenstraße. Und wieder zurück zur Oper. So ersparen wir es uns, über den 62er zu schreiben.

Aber wir wollen H.C. Artmann zitieren. Und zwar seine »ballade fon da zuagschbeadn gredenz«. Also gemmas an:

mei zimafrau, de weissnbek de schiache haud
de basd guad auf das kana etwoss gschbaund
und zua gredenz do geds nua hii waun nimaund schaud
und schdiald ewech drinad umarnaund

Doch dann passierte etwas:

…
de oede is noch lanz zu ira schwesta
und ens kafeehaus san brofoama mia
doch wia sii eigschding is en zwarasechzka
san mia scho quesn fua da wonunxdia

Nach zwei Stunden »stirln in da gredenz« kehrte die *weissnbek* mit dem 62er zurück und erhielt von einem der Einbrecher mit dem Nudelwalker eine aufgelegt, worauf sie leider nimmer aufgestanden ist.

Wohnte sie in der Flurschützstraße? Oder in der Wilhelmstraße? Oder gar in der Breitenfurterstraße? H.C. Artmann verrät es uns nicht. Und wir wollen ihm in aller Gelassenheit verzeihen, dass er die *weissnbek* sprachlich nach *lanz* schickt – das dortige Spital heißt jetzt sowieso ganz anders. Schließlich ist H.C. Artmann in Breitensee aufgewachsen, und wer weiß, wie man sich dorten artikulierte.

Über die Fahrt mit dem 62er wollen wir keine weiteren Worte verlieren. Aber vor dem 62er gereiht in der Wiener Zählung war der 61er! Jawohl, der 61er! Der fuhr offiziell die Strecke »Oper – Eichenstraße«. Nach dem Start am Opernring bog er in die Rechte Wienzeile, gelangte über die Rampersdorfergasse in die Arbeitergasse und in direkter Fortsetzung über dem Gürtel in die Steinbauergasse, ehe er in die Aßmayergasse einbog. Er fuhr sodann direkt am Meidlinger Betriebsbahnhof vorbei, der 1893 im Bereich zwischen Flurschützstraße und Aßmayergasse errichtet wurde. Heute ist der Südteil des Betriebsbahnhofes Teil des Wilhelmsdorfer Parkes, auf dem Nordteil steht der imponierende 1990 und 1992 von Harry Glück errichtete Wohnpark Wilhelmsdorf. Und damals diente der Betriebsbahnhof Meidling auch als Schienenlagerplatz, als Werksgelände, als Remise und dergleichen mehr. Da er über die Aßmayergasse angefahren wurde, bezeichnete man ihn auch als Remise Aßmayergasse.

Zurück zum 61er. Über die Wilhelmstraße erreichte er bald seine Umkehrschleife im Bereich Hoffmeistergasse-Eichenstraße mit Sichtbezug zum alten Meidlinger Bahnhof. Und am 19. Juni

1960 nahm der bimmelnde 61er Abschied von seinem Bimmelleben auf den Wiener Straßen und fuhr in die ewige Remise.

Wenn's den 61er gab, ist es fast folgerichtig, auf die Existenz eines 63ers zu tippen. Stimmt. Der war nicht für die Katz, sondern eher für die Hetz. Man konnte in den 63er ebenfalls beim Opernring einsteigen, über die Rechte Wienzeile gelangte er sodann in die Schönbrunner Straße. Und der 63er bimmelte durch die gesamte Schönbrunner Straße. Gürtel, Lobkowitzbrücke, Rückergasse. Bis zum »Meidlinger Tor« des Schönbrunner Schlossgartens. Stand auch oben auf den Fahrttafeln beim Führerstand. »Schönbrunn, Meidlinger Tor« oder »Schönbrunn, Dreherpark«. Und am Schluss seiner Fahrt fuhr er hinüber über den Wienfluss bis zur Linken Wienzeile. Dort war nämlich der »Bahnhof Wienzeile« errichtet, und zwar auf jenem Zwickel zwischen der Linken Wienzeile einerseits und der Sechshausner Sraße andererseits.

Und warum eine Hetz? Wer beim Dreherpark ausstieg, zog zumeist in »Weigls Dreherpark« weiter, ein geräumiges Etablissment für alle möglichen Veranstaltungen. In mehreren Hallen und im Freien bot es unzähligen Gästen Platz. Ebenfalls unzählig war die Zahl der Schwechater, die pro Tag, besser pro Nacht, getrunken wurden.

Wer beim »Meidlinger Tor« den 63er verließ, der unternahm mit großer Wahrscheinlichkeit einige Runden im Schönbrunner Schlosspark. Das Ende? Dieses kam mit der letzten Fahrt am 22. Februar 1959. Am selben Tag gastierte übrigens Louis Armstrong zum ersten Mal in der Wiener Stadthalle. Der ist jedoch nicht mit dem 63er gefahren.

Wir hätten noch den 64er, an den sich viele noch erinnern können. Eigentlich fungierte er nur als Notlösung. Denn im Süden von Wien wurden zahlreiche riesengroße Wohnsiedlungen errichtet, und die BewohnerInnen mussten an das öffentliche Netz angeschlossen werden. Also wurde der 64er als Zwischenlösung eingesetzt. Der fuhr vom Westbahnhof und Gürtel über die Flurschützstraße zur Philadelphiabrücke, dann längs der Neubauten bis nach Siebenhirten zum Wohnpark Alterlaa. Allerdings nur

15 Jahre: Vom 27. September 1980 bis zum 7. April 1995. Und die letzten sechs Jahre fuhr unser 64er nur mehr von Siebenhirten bis zum Bahnhof Meidling, konkret bis zur Umkehrschleife in der Murlingengasse. Warum: In der Zwischenzeit konnten wir die U 6 benutzen, die ab der Philadelphiabrücke sogar die Trasse des 64ers übernehmen sollte. Diese war kreuzungsfrei, im Gegensatz zum alten 64er, der etwa beim »Schöpfwerk« noch zu ebener Erde die Hetzendorfer Straße kreuzte. Und ein wenig schneller ist sie auch: Die U 6 benötigt von Siebenhirten, also vom Wohnpark Erlaa, bis zum Bahnhof Meidling, früher Meidlinger Südbahnhof, genau 9 Minuten.

Wacker-Wien

Selbstverständlich gab es einen Meidlinger Fußballverein, der es dereinst bis zum österreichischen Meistertitel brachte: Wacker Wien.

Ein kurzer Rückblick: Die Fußballvereine entstanden zumeist in den Arbeitervierteln der schnell expandierenden Großstädte gegen Ende des 19. Jahrhunderts, die jungen Buben kickten mit dem Fetzenlaberl auf den zahlreich noch vorhandenen Wiesen oder nicht verbauten Flächen. Dabei lass ich mir nicht die Gelegenheit nehmen, auf eine spektakuläre Trinität zu verweisen: In den Industrievierteln der Großstädte entstanden nicht nur die ersten Fußballvereine, sondern ebenso die großen Brauereien. Die heilige Trinität bestand also aus Arbeiterviertel-Fußballverein-Bierbrauerei. Als Beispiel dafür möchte ich anführen: Linz – ja, es gab das Linzer Bier, ehe es 1981 eingestellt wurde, und den Hacklern der VÖEST war sogar ein Bier-Deputat zugesprochen, übrigens ein Leichtbier. Weiters Donawitz mit dem Gösserbier, Pilsen mit dem Prazdroj, Prag mit dem staropramen, also Freundschaft und prost und Anpfiff.

Neben den Arbeitervereinen existierten freilich auch die bürgerlichen Teams, in Wien etwa die Vienna oder die Austria, die vor hundert Jahren vom Namen her ja nicht das gesamte austriakische Land okkupierte, sondern schlicht und einfach »Amateure« hieß.

In der Gegenwart hat sich die ballestrische Situation total verändert. Der Fußball ist aus dem urbanen Bereich verdrängt worden und reüssiert fast nur im kleinstrukturierten ländlichen Gefilde. Wenn jemand in den abgesperrten Parks und Betonbunkern der Städte noch kickt, dann sind es die Türken und die Ex-Jugos, die Kerntruppen des neuen Proletariats. Die Söhne der ehemaligen autochthonen Hackler nehmen längst Tenniskurse oder vertreiben sich die Zeit mit den Selfies auf ihren i-pads.

So konnten im dichten urbanen Bereich nur wenige Vereine überleben. In Graz und in Linz, also in der zweit- und in der drittgrößten Stadt Österreichs, gibt es keinen Dualismus mehr, weil nur mehr ein starker Verein überblieb.

Elf Kicker und vier Funktionäre aus der Urzeit von Wacker-Wien

In Wien verschwanden viele Vereine, deren Identität nicht transurban war, sondern grätzlbezogen, oder sie verkümmern irgendwo in der Unterliga. Der belebende und vitale Dualismus besteht aus der Konkurrenz zwischen den beiden Erzrivalen Rapid und Austria, wobei sich der Hegemoniebereich der Vereine nach lokalen und sozialen Kriterien kaum mehr zuordnen lässt.

Eine Ausnahme bildet das Gasthaus Peschta in Wien Hütteldorf, gleich beim Hütteldorfer Bahnhof. Dort regiert extraterritorial die Volksrepublik Rapid. Als mich ein junger Mann fragte, ob er sich zu unserem Tisch sitzen könne, obwohl er kein deklarierter Rapidler sei, antwortete ich mit gestrengem Blick: »Da müssens schon mit'm Herrn Chef reden!«

Verschwunden hingegen ist der Fußballverein Wacker-Wien, und das stimmt mich traurig, weil damit auch eine der schönsten Namen eines Fußballvereins mit einer gelungenen Alliteration für immer aus dem Wortschatz getilgt wurde. Leider reicht die Tauglichkeit der Namen nicht aus für das Fortbestehen von

Fußballvereinen, im Gegenteil, heute muss man Rasenballsport Leipzig heißen, damit sich irgendwie die Kürzel RB für Red Bulls ausgeht, oder als Josko Ried in der Keine-Sorgen-Arena spielen, und dann steht das Siegen im Programm.

Den Platz von Wacker-Wien gibt es aber noch. Er liegt an der Meidlinger Rosasgasse, man kann ihn auch von der viel befahrenen Grünbergstraße erreichen, der Schönbrunner Schlosspark liegt in der Nähe. Seine Schmalseiten sind eingegrenzt von der Rosasgasse einerseits und der Tivoligasse andererseits. Heute wird der Bundessportplatz von Schulen zum Turnunterricht benutzt. Keine Gedenktafel erinnert an die wackeren Wackerianer, kein Schild verweist auf den ehemaligen Fußballplatz, keine Inschrift kündet von der ehemaligen Meidlinger Fußballhochburg.

Um die noch vorhandenen Reste von Wacker-Wien zu besichtigen, muss man das Meidlinger Bezirksmuseum besuchen.

Eine Vitrinenwand des Bezirksmuseums ist dem Wirken der Schwarzweißen gewidmet. Ich sehe das Originalschild »Wacker«, das Schild ist ein Teil der ehemaligen Spieluhr des Platzes in der Rosasgasse. Ich blicke auf die Schuhe von »Turl« Theodor Wagner, dem kürzlich verstorbenen Kicker der legendären Meistermannschaft von 1947, jeder der Schuhe ist imprägniert mit dem Autogramm des Stürmerstars. Und ich sichte einen Partezettel. Wahrscheinlich hätten die Wackerfans viele Parten ausstellen können; dieser bezieht sich auf den Abstieg im Jahre 1961:

... da unser liebes Sorgenkind, der Sportklub Wacker, am Sonntag den 4. Juni 1961 sein Leben in der Staatsliga ausgehaucht hat.

Doch beginnen muss ich dem Beginn: Die Wacker rekrutierte sich ursprünglich aus den zahlreichen Jugendlichen, die irgendwo im weitläufigen und damals noch unverbauten Gatterhölzl kickten. 1906 scheiterten die tapferen Wackerianer mit der Anmeldung, weil sie keinen Großjährigen unter den Proponenten hatten. 1908 erfolgte die tatsächliche Gründung der Schwarzweißen, und kurz darauf bezog man den ersten Spielplatz in der Gegend der Edelsinnstraße.

Vom Österreichischen Fußballbund wurde der Verein in die Klasse 2 A zugewiesen. Und dort matchten sich die wackeren Wackerianer mit den Vereinen Blue Star, Red Star, Ober St. Veit, und Nußdorfer AC. Welch wunderbare Namen!

Nach dem Aufstieg in die oberste Spielklasse wurde der Platz zu klein, und so begannen die Schwarzweißen 1920 im Gebiet des »Weigls Dreherpark« mit dem Bau der neuen Spielstätte. Am 8. Oktober 1921 wurde das Wacker-Stadion mit einem Spiel gegen die Hertha eröffnet. Als man 1928 das zwanzigjährige Bestehen feierte, war man längst eine Meidlinger Institution, trotz des überregionalen Namens Wacker-Wien. Spieler, ZuseherInnen und Funktionäre strömten aus dem damaligen Arbeiterbezirk zu Massen in die Rosagasse, um im Rahmen einer sich konstituierenden Bezirksidentität ihre Daumen zu drücken und die Hüte zu schwenken, damit die Schwarzweißen in den Lauf kamen.

Die folgende Herrschaft der Nazis will ich – grummelnd und grammelnd – überspringen, und am 1.Mai 1945 fand die erste Partie nach dem Krieg statt: Gegen eine Auswahl der Wiener Tschechen.

Die Sternstunde von Wacker-Wien sollte im Jahr 1947 kommen: Meister, jawohl, österreichischer Meister, das erste Mal und kurioserweise auch das letzte Mal in der Vereinsgeschichte.

Ein paar Namen der damaligen Akteure sollen hier genannt werden. Der Turl Wagner, eigentlich Theodor, der später in Meidling bis ins Jahr 1998 ein Schuhgeschäft leiten sollte, in der Theresienbadgasse im ersten Haus. Beim legendären 7:5 des Nationalteams gegen die Schweiz anno 1954 in Lausanne sollte er drei Tore schießen. Er starb am 21. Jänner 2020 im Alter von 93 Jahren. Sodann zu vieler Erstaunen der Gerhard Hanappi, der eigentlich Wackerianer war, ehe ihn Rapid im Jahr 1950 nach einer geschickten Intrige von Franz Bimbo Binder mehr oder weniger kaperte. Oder Turl Brinek, der zweite Theodor, der 1953 als Legionär immerhin zum AS Monaco wechselte.

Nach dem triumphalen Meistertitel gewann die Wacker auch den österreichischen Cup, sodass das Fußballjahr 1947 in Österreich eigentlich nach Wacker Wien umbenannt werden müsste.

Ich kreiere spontan folgendes Reim: Was denn zu 47 passe? Wacker Wien und Rosasgasse.

Nach dem Double konnte die Wacker das Kickerjahr einige Male an zweiter Stelle beenden. Doch danach pendelte man sich in der Mitte der Tabelle ein, der sechste, siebente, achte Tabellenplatz ward in Meidling gar oft geschafft. Und danach wurde es noch schlimmer, die Wacker stieg einmal ab, dann wieder auf, und das wiederholte sich des Öfteren, sodass man dem Auf und Abstieg eine gewisse Programmatik nicht absprechen konnte.

Mit einem anderen Wort: Es kriselte, und so entschloss sich die Klubführung zur Fusionierung. Fusionierungen waren damals üblich, da es im Ballungsraum Wien zu viele Vereine gab und viele Funktionäre mit Fusionen das Überleben des Vereines sichern wollten. So war die Admira schon nach Niederösterreich in ein Gewerbegebiet abgewandert. Und Wacker fusionierte mit besagter Admira. Über das entstandene Produkt wehen die schwarzen Fahnen der Trauer, und da die Fahnen stumm sind, weiß die Antwort ganz allein der Wind.

Das letzte Meisterschaftspiel auf dem Wackerplatz fand am 19. Juni 1971 gegen den FC Wacker Innsbruck (2:4) statt. Das allerletzte Tor für die Schwarz-Weißen erzielte dabei ein gewisser Ernst Dokupil, der später in jenem Stadion, das nach dem ursprünglichen Wacker-Kicker Hanappi benannt ward, in Sankt Hanappi, große Erfolge feiern sollte. Und die Wackerianer aus Innsbruck wurden mit diesem Spiel auf dem Meidlinger Wackerplatz österreichischer Meister.

Das Verschwinden des Vereins muss ein Loch in die Seele des Bezirkes gerissen haben. Der Meidlinger Dialektdichter Anton Krutisch schrieb:

Mir fehlt in Meidling die Wacker,
ohne Wacker is Meidling net ganz,
so schee Meidling is
des ane is gwiß
ohne Wacker fehlt Meidling der Glanz.

Freilich gab es den Versuch von Neugründungen. Der erste Verein hieß Wacker 72, er sollte es bis in die Regionalliga bringen. Dann wiederholten sich die bekannten Probleme, der Verein fusionierte mit den Kickern aus Liesing.

Dann kam die Sache mit Herrn Anton Cupak.

Mit Anton Cupak? – Der Cupak Toni war schon der Obmann, als ich bei Kay&Kramer Hadersdorf als legendärer Sechser kickte; wir trainierten in Mauerbach, und legendär waren seine Autofahrten, mit denen er sieben Hadersdorfer nach dem Training mit seinem Pekawetscherl zurück in ihre Heimat brachte. Und den Gendarmen erklärte, es sei seine heilige Pflicht, die Jungkicker durch den PKW-Transport vor etwaigen Erkältungen zu schützen. Aufgehoben hab ich noch seine Briefe, als er mich beim Verein zu halten versuchte. Ich entschied mich hingegen wegen meines beginnenden Studiums – leider oder Gottseidank – gegen die Karriere eines Kickers.

Doch wie fatal, auch der zweite Versuch scheiterte.

Der dritte Versuch einer Neugründung passierte im Jahre 2005. Gespielt wurde auf dem Platz der Victoria bei den ehemaligen Kabelwerken.

Und auch hier erfolgte nach fünf Jahren das uns schon bekannte Schicksal. So muss ich die Tatsache akzeptieren, dass in den oberen Spielklassen in Österreich kein Verein mehr »wacker« spielen kann. Dass gerade noch ein einziges Adjektiv in den Klubnamen der Spitzenvereine erhalten bleibt, dafür sorgen ein Stück westlich von Meidling die Kicker von Sankt Hanappi: Nämlich Rapid. Dort allerdings hat die geheiligte Spielstätte der Rapidler daran glauben müssen. Diese heißt nunmehr Allianz-Stadion. Nein, da kann man rapid keine Wunder erwarten.

Wilhelmsdorf

Ein Meidlinger Dorf gibt es, das es nicht mehr gibt: Wilhelmsdorf. Rund um ein paar kleine Ziegelöfen in der Gegend des heutigen Wilhelmsdorfer Parkes wollten die Bewohner von genau 46 Häusern im Jahr 1846 – eine zufällige Akkordanz! – eine eigenständige Gemeinde gründen. Die Grundherrschaft Klosterneuburg bekundete nach langen und komplizierten Verhandlungen ihr Einverständnis, so wurde der Ort nach dem Stiftspropst von Klosterneuburg, einem gewissen Wilhelm Sedlaczek, mit »Wilhelmsdorf« bezeichnet. Der Name »Sedlaczekdorf« hätte möglicherweise für Irritationen gesorgt. Das Wilhelmsdorfer Gemeindeamt befand sich an der heutigen Wilhelmstraße 24.

Detail aus der Wilhelmstraße

Am 1. Oktober 1846 wurde der erste Richter – entsprach in etwa einem Mini-Bürgermeister – gewählt: der Uhrmacher Wenzel Rauch. Deswegen haben wir Straßennamen: An ihn erinnert die Rauchgasse, die ein wenig nördlich der Wilhelmstraße in die Albrechtsbergergasse mündet. Sein Nachfolger war der Schuhmacher Josef Ofner – ihm ist keine Ofnergasse gewidmet, nicht einmal ein Sackgasserl.

Bald stellten die Einwohner des jungen Dorfes fest, dass ihr Überleben wirtschaftlich nicht gesichert sei. So schlossen sie sich im Jahre 1850 dem größeren Untermeidling an. Auf gut Deutsch, oder von uns aus auf gut Meidlingerisch, der Ort Wilhelmsdorf existierte gerade vier Jahre. Das kleine Dorf wurde schlicht und einfach als »Dörfel« bezeichnet. Die Dörfelstraße in Meidling zählt zu den wenigen noch existierenden Memorabilien von Wilhelmsdorf, dazu kommen noch die Wilhelmstraße sowie der Wilhelmsdorfer Park. Auch der Park hat eine Vorgeschichte. War doch an seiner Stelle ein sumpfiges Wasserloch. Das Wasserloch war entstanden, weil ausgerechnet in diesem Geviert sich ein alter Ziegelteich erstreckte. Und in diesem wohl grauslichen Ziegelteich hauste ein Wassergeist, der die spielenden Kinder mit in den Sumpf zog und sie dort nimmer losließ. Manche Anrainer berichteten sogar, dass sie den Geist erblickten, wie er mit einem großen Kamme sein gelbes Haar flocht.

Wir zitieren aus »Mythen und Bräuche des Volkes in Österreich«, Theodor Vernaleken, Wien 1859, p. 169:

Der Wassermann im Ziegelschlage
In Wilhelmsdorf unweit des Meidlinger Bahnhofes (bei Wien) befindet sich ein längst verlassener Ziegelschlag, der oft mit Wasser gefüllt und an manchen Stellen sehr tief ist.

Nach dem Glauben der Umwohner wird das Wasser, welches bei der grössten Hitze nie austrocknet, von einem alten Wassergeiste beherrscht. Damit die Leute nicht die Einrichtung seiner Wohnung erfahren, zieht er alle jene, welche sich in seine Nähe wagen, zu sich hinab und hält sie gefangen. Viele Knaben, welche sich dort badeten, mussten ertrinken, indem er die Wege, die man sieht, wenn das Wasser klar ist, mit Schlamm so überdeckt hat, daß sich die Badenden nicht mehr helfen können.

Viele Leute wollen ihn auch beim hellen Vollmonde an der Wasserfläche beobachtet haben, wie er mit einem ungeheuer großen Kamme sein gelbes langes Haar kämmt, und wie er mit einem bis an die Fersen reichenden Rock an der angränzenden Wiese spazieren geht. Den ganz in der Nähe wohnenden Leuten fügt er keinen Schaden zu, nur verkündet er ihnen mit durchdringendem Winseln den Tod eines ihrer Nachbarn, oder er zeigt ihnen durch einen schauerlichen Wind an, daß jemand in dem Wasser ertrunken ist.

Wer die Geschichten über den Wassergeist nicht glaubt, der möge sich entweder das Relief in der Eichengasse 50–52 ansehen. Wie eine Mischung aus Krabbe und Krebs hockt er da, der Wassergeist von Wilhelmsdorf. Und stammen tut er von einem gewissen Josef Schagerl, der diesen Wassergeist anno 1955 schuf.

Oder er möge zur Rauchgasse – eh klar, erster Bürgermeister von Wilhelmsdorf, Uhrmacher Rauch – wandern und dort bei der Nummer 15–17 ein bärtiges Monstrum sichten, das nach einem Buben schnappt. Und wir wetten: Das Monstrum wird den Knirps erwischen.

Mein Opa kam bis Meidling

Diesmal möchte ich über eine private Angelegenheit berichten. Das letzte Mal fuhr mein Opa am 11. August 1936 nach Wien. In seinem Reisepass, den ich in einer Schatulle aufbewahre, finde ich zwei an diesem Tage ausgestellte Stempel, einen in Česke Velenice und einen in Gmünd, also muss er mit dem Zug aus der Tschechoslowakei nach Österreich gefahren sein. Und in Wien, genauer in Meidling, Ecke Schönbrunner Straße und Längenfeldgasse, sollte ihm noch eine Spanne von 13 Monaten zum Leben bleiben. Dann war es aus mit ihm. Er hieß Josef Beyerl, so wie ich Josef Beyerl heiße. Denn er war mein Großvater.

Mein děděcek war Autospengler und stammte aus dem böhmischen Bäderort Karlovy Vary, also aus Karlsbad. Er hatte eine Moravanka geheiratet, also eine Frau aus Mähren, aus der Gegend von Brünn, also einer Brňanka. Beide wohnten natürlich nicht im Zentrum der mondänen Bäderstadt, sondern in einem Vorort, in Rybáře, zu deutsch in Fischern. Großvater soll in seinen Jugendjahren ein bewährter Kicker des dort ansässigen Fußballvereins gewesen sein und im Fischerner Dress einmal sogar gegen die grünweißen Asse von Rapid-Wien gekickt haben, in deren Reihen ohnehin 90 % Tschechen auf dem Fischerner Spielfeld der Wuchtel nachrannten.

Viel mehr wurde in meinem Elternhaus über den Großvater nicht gesprochen. Oh doch, einer der Rapidler soll ihm bei einer heimtückischen Attacke einen Zahn demoliert haben.

Nach dem Tod meines Vaters erbte ich das Familiensilber, und im Familiensilber fand ich das pracovní knižka – das Arbeitsbuch – meines Großvaters. Großvater Josef Beyerl muss ein sehr unstetes und abwechslungsreiches Spenglerleben geführt haben. Ich war ziemlich erstaunt über die andauernden Wechsel seiner jeweiligen Arbeitsplätze. So arbeitete er als Autospengler vom 30. April 1923 bis zum 17. November 1923 für die Lohnerwerke in der

Porzellangasse 2 im neunten Wiener Gemeindebezirk. Von 9. Juni 1936 bis zum 16. Juli 1936, also insgesamt 5 Wochen, hackelte er für die Automobilfabrik Gräf-Stift, Adresse Weinberggasse 70–76 im 19. Bezirk.

Schwer zu lesen ist der Name meines Großvaters Beyerl Josef

Seine spenglerische Strawanz führte ihn auch nach Polen: Für das Jahr 1928 erhielt er einen »pobyt dozwolony«, also eine Arbeitserlaubnis für Polen. Die Stempelmarke kostete ihn übrigens 3 Zloty. Großvater übersiedelte daraufhin nach Warschau und kehrte laut Einreisestempel am 3. 1. 1929 in die Tschechoslowakei zurück.

Einmal spenglerte er sogar für den Aufbau des Deutschen Reiches: Am 16. März 1935 wurde ihm in Nürnberg-Fürth eine Aufenthaltsgenehmigung erteilt, die entweder für Nürnberg oder –

was eher anzunehmen ist – für das gesamte Deutsche Reich galt. Die Aufenthaltsgenehmigung erlosch nach sechs Wochen mit seiner Ausreise in Passau am 2. Mai 1935. Ist alles protokolliert.

Über die Gründe seines strawanzenden Spenglerlebens gibt es nur Vermutungen. Mit meiner Großmutter war er offenbar ziemlich zerstritten. Obwohl mittlerweilen ein kleiner Sohn, also mein Vater, im heimatlichen Rybáře auf dem Fußboden der höchstwahrscheinlich sehr kleinen Wohnung herumkrabbelte. Hatte meine Großmutter einen anderen Lebensgefährten erwählt, da der eigene Mann sich zu Hause ohnehin nie zeigte? Oder wurde er von seinen jeweiligen Arbeitgebern in den Zeiten der Wirtschaftskrise nach ein paar Monaten des umtriebigen Hackelns andauernd entlassen?

Sprachlich hatte er bei seiner Vakanz sicher keine Probleme, war er doch in den vier wichtigsten mitteleuropäischen Sprachen versiert: Er sprach Deutsch, Tschechisch, Polnisch und leidlich Ungarisch.

So. Und dann fuhr er, wie bereits berichtet, am 11. August 1936, 13 Monate vor seinem Selbstmord, nach Wien. An der Ecke Schönbrunnerstraße – Längenfeldgasse mietete er eine Garage – das ist klar wie dicke Tinte. Denn auf einer Art Visitenkarte war als Briefkopf gestempelt:

AUTOKAROSSERIE-SPENGLEREI
JOSEF BEYERL
WIEN XII, SCHÖNBRUNNERSTRAßE 205
ECKE LÄNGENFELDGASSE (RÜCKWÄRTS IM HOF)

Sodann verwies Großvater in der Visitenkarte auf seine Referenzen:

ERZEUGUNG VON: KOTFLÜGELN, MOTORHAUBEN, SCHUTZ-
BLECHEN, BENZINTANKS, AUTOKOFFERN SOWIE VON
BLECHVERKLEIDUNGEN ALLER ARTEN UND TYPEN

… Und jetzt gestatte ich mir, vom Großvater auf seinen Enkel zu springen, also auf mich, der sich jedoch seit frühester Kindheit vornämlich nicht als Josef, sondern als Beppo bezeichnet. Die Tante Lore hatte damals einen Film mit dem bayrischen Volksschauspieler Beppo Brem gesehen, worauf der Name Beppo auf den Enkel ... aber das ist eine andere Geschichte, und die gehört nicht in die meines Großvaters.

Der Enkel war 1982 in die Meidlinger Fockygasse übersiedelt, und seither beliebt er, sich scherzhaft als Zentralmeidlinger zu bezeichnen. Und der Enkel, also ich, erfuhr erst nach dem Tod seines Vaters anlässlich der Sichtung des Silberschatzes, dass sein Großvater die Garage in der Schönbrunnerstraße 205 benützt hatte. Nicht einmal fünf Minuten brauchte ich, um zu Fuß von der Fockygasse zur Schönbrunnerstraße 205 zu gelangen. Wo mein Großvater im Jahre 1935/36 als Autospengler gearbeitet hatte, ehe er sich entschied, das hiesige Spenglerleben zu verlassen und sein Glück in einer anderen Welt zu probieren.

Natürlich besichtigte ich des Öfteren das Eckhaus in der Schönbrunnerstraße. Das alte Gebäude mit der Spenglerei dürfte im Krieg zerstört worden sein, jedenfalls steht bei der Nummer 205 ein unansehlicher Bau aus der Nachkriegszeit mit einem Kopiergeschäft. Ich spaziere von der Längenfeldstraße aus in den Innenhof. Keine Garage mehr, die Fläche des gesamten Hofes ist zubetoniert, ein wenig irritiert blicke ich auf eine fensterlose Wand des angrenzenden Wohnhauses. Hatte Großvater auch hier gewohnt? Existierte in der Schönbrunnerstraße ein Greissler, bei dem er einkaufen konnte? Das heutige Gasthaus Assmayer am Eck Aßmayergasse – Klährgasse hat es damals mit Sicherheit schon gegeben. Trank Großvater dort sein Bier? – Ich möchte davon ausgehen.

Im Silberschatz fand ich seinen Abschiedsbrief, den er am 7. August 1937 an meinen damals 15-jährigen Vater richtete. In deutscher Sprache, weil Großmutter nur tschechisch sprach und vom Abschiedsbrief nichts erfahren sollte, wie ich vermute. Großvater muss ein überaus korrekter und penibler Rechner gewesen sein, mein Vater hatte diese Eigenschaften zum Leidwesen des schwer geprüften Sohnes äußerst strikt übernommen.

Er hatte eine eng mit Bleistift gekritzelte zweiseitige Inventarliste erstellt, damit seine Erben nach seinem Selbstmord um den

Wert seiner letzten Besitztümer Bescheid wissen. Die Liste begann mit

1 Werkbank mit Schublade – 35,–
1 Spanplatte 65x50x30,125 Kg – 35,–
Und sie endete mit
M.Maßstab – -,20

Selbst im Abschiedsbrief war die Adresse der Spenglerei als Briefkopf gestempelt. Wer weiß, wer einem Selbstmörder antwortet, vielleicht gibt es himmlische oder höllische Instanzen, die ihm mit Wonne oder mit Kummer zurückschreiben. Die belastenden Abrechnungen mit seiner Frau, also meiner Großmutter, will ich hier nicht erwähnen, sie sollen im Familiensilber bleiben. Der Großvater schrieb weiter:

»Ich melde nichts der Polizei. Holst du die Sachen, so musst du es melden. Forsche nicht nach wo ich mein Leben beende, mein Wunsch ist, dass es niemand weiß. Begraben will ich nicht werden. Höchstens die Natur bringt es ans Tageslicht und auch zu euch. Wer die Vaterschaft von dir Pepi übernimmt weiß ich nicht, du musst nach österreichischem Gesetz einen Vater haben«.

Der Pepi, das war mein Vater, der ebenso Josef Beyerl hieß. War das mit der vakanten Vaterschaft ein dezenter Hinweis darauf, dass mein Großvater gar nicht mein Großvater war? Sondern wer anderer aus Fischern, aus Karlsbad, aus Brünn? Oder interpretiere ich den mit todgeweihter Nüchternheit geschriebenen Abschiedsbrief meines tatsächlichen Großvaters falsch?

Das letzte Dokument, das ich von ihm besitze, ist sein Totenschein, ausgestellt zwei Monate nach seinem letzten Brief am 12. 10.1937 in Stopfenreuth an der Donau, vom dortigen Pfarrer Johann Messerer. Angegeben wird, dass ein Beyerl Josef am 27.9.1937 in Stopfenreuth, Donauufer, an »Ertrinkungstod« verstorben ist. Sein Alter wird mit 44 Jahren angegeben, bei »Charakter« steht Spenglermeister, warum nicht, ist ja ein netter Charakter.

Vor vielen Jahren besuchte ich die Gemeinde und die Kirche in Stopfenreuth, um nach etwaigen Aufzeichnungen zu fragen.

Nein, sie bedauerten, nein, von dieser Zeit liegen keine Aufzeichnisse mehr über Todesfälle vor.

Geblieben sind mir ein paar Fotos, die ihn offenbar in der kleinen Wohnung in Karlsbad zeigen, mit einem Tisch, auf dem zwei Limonade- oder Wassergläser stehen. Sowie das Foto in seinem Reisepass. Auf allen Fotos hält mein Großvater seinen Mund geschlossen. Jetzt kann ich beim besten Willen nicht eruieren, ob die Geschichte mit dem Match gegen Rapid und dem dabei passierten Verlust des Zahnes tatsächlich stimmt oder nur eine fromme Karlsbader Lüge ist.

In der Köglergasse

Vom Vater und Großvater, also Beppos Vorfahren, gibt es Anknüpfungspunkte zu meinem Dasein. Da ist einerseits der Pepi, mein Vater Josef Nagl, der Beppos Großvater, dem Autospengler Beppo Beyerl an Unstetigkeit in nichts nachstand. Auch er kam auf unnatürliche Weise ums Leben – nicht durch Selbstmord, sondern durch Mord auf der Insel Teneriffa. Der Mörder wurde übrigens nie gefunden. Andererseits gibt es eine Verbindung nach Meidling: In der Köglergasse wohnte meine Tante Erika, die älteste und Lieblingsschwester meiner Mutter, nach der ich benannt wurde. Sie war vom kleinen Aggsbach-Dorf in Niederösterreich nach Wien gezogen. Folgende Textstelle kennen Sie vielleicht, sie findet sich in meinem fast autobiografischen Roman »La Laguna«. Meine Tante schrieb an meine Mutter:

»Komm nach Wien«, hatte die Schwester geschrieben. »Hier gibt es genug Arbeit. Das Stadtleben ist so herrlich! Einfach aufregend!« Die Schwester war eineinhalb Jahre älter als sie und schon seit fast zwei Jahren in Wien. . . .. Dann war Wien. Wien war Liebe auf den ersten Blick. Besser gesagt: auf den ersten Geruch. Sie war am Westbahnhof ausgestiegen und hatte Stadt gerochen. Eingesogen. Wien. Als sie die Waggontüre aufmachte, schlug ihr ein Hitzeschwall ins Gesicht, drängte der Geruch der Gleise und des Füllmaterials zwischen den Schienen herein. Die Sonne brannte auf den Bahnsteig. Eine flirrende Hitze, wenn man das Gleisgewirr in der Ferne betrachtete. Das war der Geruch von Stadt. So riecht eine Großstadt. »Diesen Geruch werde ich immer lieben«, hatte sie gedacht. Weltstadt Wien. Weltstadt. Das würde sie nie vergessen. Hier würde sie bleiben. . . ...Arbeit, Theater, Kino, Oper. Alles war genauso, wie es ihre Schwester beschrieben hatte.

Meine Mutter, die keinesfalls in dem kleinen Aggsbach-Dorf in Niederösterreich »versauern« wollte (auch viele Jahre später noch sagte sie »versauern«), wäre sicherlich nicht mehr von einem Leben in der Stadt abzuhalten gewesen, nachdem ihre Lieblingsschwester so von Wien geschwärmt hatte. Und so wie ihre Schwester und wie es ihr die Schwester auch prophezeit hatte, lernte sie hier einen Mann kennen. Sie lernte ihn im Prater kennen. Wo denn auch sonst? Und wann denn auch sonst als an einem der ersten sonnigen Frühlingstage? Wenn ich die Fotos von ihr und von ihm betrachte, kann ich mir gut vorstellen, dass es sofort um sie und um ihn geschehen war. Ich meine, dieser Blitz, der mitten ins Herz trifft, diese absolute Einzigartigkeit der Begegnung. Pepi war der Mann, von dem sie geträumt hatte. Zumindest für ein paar Monate. Heutzutage sind die meisten Menschen transparent, Social Media macht es möglich. Ein paar Klicks und wir wissen zumindest ein wenig Bescheid über die Person, die wir soeben kennen gelernt haben. Nicht so in den 1950er- und 1960er-Jahren. So bemerkte meine Mutter nicht und niemand erzählte ihr davon, dass ihr Geliebter Pepi in der Steiermark einen kleinen Sohn hatte, verheiratet war. Wie es weiterging? Natürlich wurde meine Mutter schwanger. Das ganze Drama und wie es sich zuspitzte, ist ebenfalls in »La Laguna« zu finden.

Nach jedem Sturm tritt Ruhe ein: Als sich die dramatischen Wogen etwas beruhigt hatten, bezog meine Mutter mit ihrem Pepi – beide mich erwartend – eine Küche-Zimmer-Kabinett-Wohnung in der Apostelgasse im dritten Bezirk. Jeweils am Anfang und Ende des Ganges befand sich das WC, in der Mitte das verschnörkelt-gusseiserne Waschbecken, die Bassena mit Wasserhahn. Das Abwaschbecken war in der Küche. Um das Geschirr zu waschen, holte die Mutter das Wasser vom Gang, wärmte es auf dem Gasherd. Erst dann konnte abgewaschen werden. Jedes Mal, wenn die Mutter eine Gasflamme anzündete und die Flamme mit einem lauten Knacksen hochfuhr, erschrak ich zutiefst. Ich werde mir das nie trauen, dachte ich damals. Trotz vieler Widrigkeiten befand meine Mutter das Leben besser als zu Hause im Dorf, ich hörte sie nie klagen, dass das Wasser vom Gang geholt werden musste. In Aggsbach hatte sie das Wasser mit dem Eimer vom Brunnen heraufgezogen, das WC befand sich draußen im Ziegenstall und war ein Plumpsholzklo.

Oft besuchten wir Tante Erika in der Köglergasse in Meidlig. »Direkt neben dem Unfallkrankenhaus«, lachte sie. »Wenn uns etwas passiert, können wir gleich hinübergehen.« Unfallmäßig passierte ihr nie etwas. Sie bewohnte mit Willi, ihrem Mann, und meinen Kusinen in der Siedlung in der Köglergasse eine Gemeindeneubauwohnung im dritten Stock: Eine Wohnung mit separater Küche, zwei Schlafzimmern und ein richtiges Wohnzimmer! Tante Erika und Onkel Willi hatten das Klo nicht am Gang, das WC war ein eigener kleiner Raum neben der Eingangstüre, in welchem noch viele andere Dinge Platz finden mussten: Besen und Schaufel, die Waschmaschine, Regale, die über und über mit den Schuhen der fünfköpfigen Familie vollgestopft waren, zwei Plastikwannen mit Schmutzwäsche, Flickwäsche, Werkzeug, irgendwelches Kabelzeugs von Reparaturen, die mein Onkel durchführte, Flaschen und diverser undefinierbarer Krimskrams.

Ging man drei Schritte in dem schmalen Gang weiter, befand sich rechts ein sehr schmaler Raum, in welchem eine moderne Einbauküche mit Fenster untergebracht war. Der Prototyp der modernen Einbauküche wurde von Margarete Schütte-Lihotzky (1897 bis 2000), einer vielfältig engagierten Architektin und Politaktivistin, geschaffen. Gegen Ende des Ersten Weltkrieges lebten in den Wiener Arbeiterwohnungen sieben bis acht Personen auf engstem Raum unter schwierigsten sanitären Verhältnissen zusammen. Margarete Lihotzky, welche im Zuge ihres Architekturstudiums diese Verhältnisse untersuchte, erhielt dadurch den Impuls für ihren zukünftigen beruflichen Schwerpunkt: die soziale Architektur. 1926 entwickelte sie im Zuge des Sozialwohnungsbaues die erste moderne Einbauküche der Welt. Die Grundidee war die Optimierung von Arbeitsabläufen: Die Hausfrau sollte keine langen Wege mehr in Anspruch nehmen müssen, alles sollte beim Kochen mehr oder weniger griffbereit, die

Arbeitszeit verkürzt sein, damit die Frau mehr Zeit für die Familie habe. Dazu hatte sie die Arbeitsabläufe mit der Stoppuhr gemessen. Die Amerikaner machten sich umgehend daran, die Einbauküche nachzubauen. Die Küche war in Blau-Grün gehalten, weil diese Farben die damals noch als Krankheitsüberträger geltenden Fliegen abhalten sollten.

Die Einbauküche war Tante Erikas großer Stolz. Fast niemand hatte damals eine solche. Warm- und Kaltwasser in der Küche, ein Abwaschbecken und ein Elektroherd! In den Häusern auf dem Land waren die Küchen Wohnküchen. In Omas Küche gab es einen Holzofen, eine Kredenz für das Geschirr, der Tisch fungierte für die Vorbereitungen als Arbeitsfläche. Wenn das Essen auf den Tisch kam, wurde der Arbeitstisch zum Esstisch, mit Eckbank und Stühlen drumherum.

Später stand auf der anderen Seite noch ein Bett, in welchem der sterbenskranke Opa lag.

Das Überraschende in Tante Erikas Küche war, dass es rechts vom Fenster einen weiteren kleinen Raum gab, der mit einem ziemlich steifen Plastikvorhang blickdicht von der Küche getrennt war. Hier befand sich Mutters Glücksobjekt der Begierde: Die Brause, ein Spiegel und darunter ein Waschbecken mit Warm- und Kaltwasser. Jedes Mal, wenn wir bei Tante Erika waren, gingen wir dort unter die Dusche und kuschelten uns danach frischgebadet in frischen Kleidern und Strumpfhosen aufs Wohnzimmersofa, wo wir mit Kuchen verwöhnt wurden. »Sucht euch doch auch was im Neubau«, sagte die Tante. »Die Gemeinde baut moderne Wohnungen. Mit eigener Brause und Klo in der Wohnung. Da musst du nix zurückhalten, nur weil der Nachbar so lange auf dem Häusl sitzt und Zeitung liest.«

Den Umzug in eine bequemere Wohnung schafften meine Mutter und ihr Pepi nicht. Besser gesagt, er schaffte es nicht, wie er sehr vieles nicht schaffte, so wie er seine kleine Firma zu halten nicht schaffte und auch später ein geregeltes Dasein nicht, sodass meine Mutter mehr oder weniger von ihrer Familie gezwungen wurde, ihn zu verlassen. Sie übersiedelte mit uns Kindern (inzwischen war auch meine Schwester geboren) zurück nach Aggsbach-Dorf und dann weiter zu einem neuen Mann nach Vorarlberg.

Meine Tante in der Köglergasse haben wir auch noch später besucht. Jetzt können wir feststellen, dass diese Wohnbauten ein Meilenstein in der Entwicklung des sozialen Wohnbaus gewesen sind. Manchmal scheint mir, die heutigen BewohnerInnen wissen es gar nicht mehr zu schätzen, was es bedeutet, in diesen Wohnungen leben zu können. Haben keine Ahnung vom Gemeinschaftsgedanken.

Ein Tüpfelchen auf dem »i« wäre es, würden diese und überhaupt alle neu zu bauenden Wohnungen mit Balkonen oder kleinen Terrassen ausgestattet. Dann könnten auch alte oder gehbehinderte Menschen ein paar Blumen pflanzen, in der Sonne sitzen und den Blick ein wenig in der Gegend schweifen lassen.

Abschließend noch zur Frage, warum die Köglergasse so heißt, wie sie heißt. Am 18. Jänner 1956 beschloss der Gemeinderatsausschuss für Kultur, die Straße nach dem ersten Direktor der Arbeiterunfallversicherungsanstalt für Wien und Niederösterreich, Karl Kögler (1855–1935) zu benennen. Warum ausgerechnet Karl Kögler als Namensgeber erwählt wurde, wäre im Protokoll des Kulturausschusses nachzulesen. Politiker, Beamter oder Direktor – meiner Ansicht müsste neben diesen an und für sich sowieso bereits gut bezahlten Positionen eine außerordentliche Tat gesetzt worden sein, um eine Straßenbenennung zu rechtfertigen.

3. Kapitel

So schaut's aus!
Zustände und Tatsachen

Das Meidlinger L

Kein Text über Meidling ohne das weltberühmte Meidlinger L. Es heißt, das Meidlinger L komme von den tschechischen Zuwanderern des späten 19. Jahrhunderts. Das entspricht jedoch nicht ganz der linguistischen Wahrheit, weil die sogenannten »Behm« keineswegs mit so einem eingeschliffenen »L« aufwarten konnten. Die Russen hingegen schon. Besonders wenn sie russisch sprachen. Jedoch wurden unter den Meidlinger Zuwanderern jener Zeit eher selten Russen gesichtet. Und die zuwandernden Russen der Gegenwart kaufen ihre Immobilien im ersten Bezirk und nicht im peripheren Meidling.

Also blätterte ich in den Büchern des renommierten Sprachwissenschafters Eberhard Kranzmayer, einem gebürtigen Klagenfurter. Höre ich bereits ein Rauschen im Gedächtnis der Lesenden? Also. Im Dialekt habe sich – laut Kranzmayer – das L unter dem Einfluss der Tschechen vokalisch aufgelöst. Und schon ward es verschwunden. Wäu statt weil. Eh klar. Oder Göd statt Geld. Und wie durch ein Wunder sind die »els« unter dem Einfluss der Hochsprache – laut Kranzmayer – wieder urplötzlich aufgetaucht, aber nimmer als L, sondern als »Meidlinger L«. Also Wäul. Oder Göld.

Wie bitte? Bellt die Henne? Krächzt der Fisch? Wer hat den Blödsinn verzapft? Aha, der prominente Sprachwissenschafter Eberhard Kranzmayer war noch prominenter als Nazi und als SS-ler und erhielt nach 1945 Lehrverbot. Eh klar, dass die ruchlosen Tschechen im deutschen Wien keine Spuren hinterlassen dürfen. So nebenbei erwähnt sind die Namen mehrerer Wiener Bezirke slawischen Ursprungs, aber ich sag es eh nicht dem Kranzmayer.

Zudem hat der prominente Hausnazi – in Klagenfurt trägt eine Straße bei der Uni seinen Namen – noch geschrieben, das postdentale L werde nur in gewissen Gesellschaftsschichten gesprochen. Damit meinte er tachinöse Herumtreiber, vazierendes Gesindel und sonsterlei wuchernde Geschwüre.

Soda. Und woher kommt das »L« tatsächlich? Ich werde fündig beim Sprachwissenschaftler Peter Ernst von der Wiener Uni. Alstern: Das »Meidlinger L« ist dadurch entstanden, weil es zuerst einmal verschwunden ist – bedingt durch den Dialekt der Arbeiterschicht im Donauraum. Diese sagten zum Beispiel ›weu‹ für weil oder ›Göd‹ für Geld.

»Als sich die Dialektsprecher dann genötigt gesehen haben, dieses L wieder in der Hochsprache zu sprechen, wurde es substituiert, durch ein L, das im Anlaut von Wörtern gesprochen wird. Und bei diesem L ist die Zungenspitze etwas weiter nach hinten gebogen. Und dadurch ist das ›Meidlinger L‹ entstanden«, soweit Peter Ernst. Palatalisierung – so haben wir das auf der Uni gelernt. Doch weiter der Sprachwissenschafter. *»Es wird immer gesagt, dass das ›Meidlinger L‹ in Meidling artikuliert wird, oder nur Meidlinger dieses L sprechen können. Aber das stimmt alles nicht. Es ist ein soziologisches Faktum, das heißt, es wurde in den Arbeiterschichten gesprochen, und die sind ja auch in Favoriten ansässig gewesen. Es wird mit Meidling in Verbindung gebracht, weil es eben im Namen selbst vorkommt«,* so Ernst.

Also könnten wir das Meidlinger L doch den Meidlingern verdanken. Weil man in Favoriten und in Simmering das L nicht bei der Wurzel packen konnte. Kein einziges L im Bezirksnamen! Wohingegen das Meidlinger L als Demonstration und als Beweis sofort strapaziert werden konnte. Flurschützstraße, Wilhelmstraße, Murlingengasse: Wo man hält sehr gern, ist das L nicht fern.

Widerlegen hingegen möchte ich die These: Der Zentralmeidlinger sei identisch mit der Meidlinger Zentrale. Die Meidlinger Zentrale amtiert als Bezirksvertretung am äußersten Rande des Bezirkes, in der Schönbrunnerstraße, mit Blick auf den benachbarten Bezirk Rudolfsheim-Fünfhaus. Und die Meidlinger Zentrale erfrischt mit Familiennamen wie Zankl, Bolovich, Flickschauh, Fröhlich, Gülüm, Haselbacher, Klinger, Lackner, Pal, Pliem, Postl, Reinold, Schodl, Schüssler, Volkmann, Wandl, Wegscheider, Zellhofer (ha! Gleich doppelt! Viermal Anschlagen!) und Zierl. Ist aber nicht viel, bei 58 Bezirksräten tragen 19 ihr L im Namen. Das ergibt nur mehr eine Eindrittelquote!

Letztlich möchte ich mich noch bei Nicht-Meidlingern bedanken, die trotzdem dem Meidlinger L stark verpflichtet sind. Als da wären: der das monolaterale L pflegende Roland Neuwirth. Und der legendäre Hans Krankl. Beispiel: »Im Fußball gibt es aalglatte Leute, die überhaupt keine Geduld haben. Und überall gibt es Falschheit und Hinterlist«. Bitte, gleich sieben Meidlinger L!

Fehlen kann natürlich nicht der Roman Gregory (»Die Welt beginnt mit dem Meidlinger L«), der Frontman der Zentralmeidlinger Gruppe »Alkbottle«. Ein Beispiel aus einem seiner ersten Hits »No sleep till meidling«:

ob's in meidling saufst oder nur frißt
du merkst jo dann sofurt daß du in meidling bist
meidling des hot an sinn
bin i doch nur glücklich wann i in meidling bin
der blödeling aus mödeling
der gscheideling aus meideling
aun mein redn merkst du daß i aus meidling bin
Meidling – no sleep till meidling

Eh klar. Dem will ich nichts mehr hinzufügen.

L Lernen

Also, das ist jetzt so: Weil ich nach Meidling übersiedle, muss auch ich das meidlingerische L lernen. Ich übe jeden Tag. Elelelel. Sobald ich Beppo treffe, werde ich meine Aussprache von ihm testen lassen. Er als Zentralmeidlinger ist sozusagen mein Lehrmeister und obrigste Instanz, wenn es um die Prüfungsabnahme geht. Zentralmatura sozusagen, überwacht durch einen Zentralmeidlinger.

Eine andere Frau, eine junge Frau kenn ich, die – wie ich – von Rudolfsheim in den Zwölften nach Meidllling gezogen ist: Ümit Mares. Ich kenn sie nicht in echt, also nicht persönlich, habe sie übers Internet kennen gelernt, über eine ihrer Geschichten: Als Zehnjährige ist sie übersiedelt, schreibt sie in story.one und ich musste wirklich köstlich lachen, wie sie ihr Aufgenommenwerden im Zwölften beschreibt. Von ihr weiß ich, dass das Christkind auch Türkisch spricht und viele Geschenklein unter den Weihnachtsbaum legt. Und dass LehrerInnen beginnende SchriftstellerInnenkarrieren mit ihrer negativen Kritik vernichten.

Beppo ist nicht nur Schriftsteller, er ist auch ein sogenannter Faktist: Überall und zu jedem hat er ein paar Fakten, recherchiert er und weiß Details und zahlenmässige Bestimmtheiten. Zum Beispiel, dass in der Meidlinger Bezirksvertretung nur ein Drittel der Mandatare ein L im Namen haben. Nur ein Drittel! Das geht doch nicht. Entweder müssten sich die Leute umbenennen oder sie dürfen nicht als GemeindemandatarInnen antreten. Wieviele Mandatarinnen gibt's eigentlich, frage ich mich und mir ist natürlich klar, dass die diesbezügliche Recherche eine meiner nächsten Aufgaben sein wird. Wer nicht in der Gemeinde gemeldet ist, darf auch nicht als politischer Mandatar aufgestellt sein. So ist es auch mit dem L: Wer kein L im Namen hat, kann keine politische

Mandation im Zwölften anstreben. Nicht anstreben und noch weniger überantwortet erhalten.

Beppo könnte also mit seinem wohlklingenden Namen Beyerl einen großartigen Listenplatz erringen. Warum er das bis jetzt nicht angestrebt hat, ist mir ein Rätsel. Beim nächsten Treffen, werde ich ihn diesbezüglich eingehend befragen.

Nun, wie gesagt, da ich auch nach Meidling übersiedeln werde und mir die Möglichkeit eines Listenplatzes in der Bezirksvertretung nicht selbst zunichte machen will, werde ich wohl meinen Namen ändern müssen. Es muss ja ein L im Namen aller politischen MandatarInnen vorhanden sein. Die vielen R in meinem Vor- und Nachnamen haben mich eh schon immer gestört, was wäre also mit Erika Kronabittel. Klingt doch schon ganz gut, wenn man das L auch wirklich als betontes Meidlinger Endungs-ellll ausspricht. Ein L so wie Beyerl. Erika Kronabittel. Oder vielleicht Elika Kronabittell. Klingt sogar noch etwas besser, oder? (Oder darf ich natürlich nicht sagen. Das ist das Vorarlberger *oder* im Denkautomatismus, das sich da schon wieder Platz verschaffen will.)

Also Elika Kronabittel. Besser noch: Elika Klonabittel. Irgendwie ist der Name aber noch nicht perfekt. Noch keine wirklich kulturelle Assimilation durch Namensänderung, das Weibliche im Namen muss Neutrumisiert werden, weder eine weibliche noch männliche Hierarchie soll eine Dominanz erhalten, keine Domina. Die Möglichkeiten, die ein Geschlecht bietet, sollen in alle Richtungen offen sein, sodass sich auch meine zukünftigen WählerInnen, er, sie, es, hetero, homo, bi, uni, schwarz, weiss, rot, grün, gelb, gepunktet, gestreift, rundum angesprochen und somit vertreten fühlen. Elikal Klonabittel, das ist die umfassende ultimative Namensveränderungsmöglichkeitsvariante, um allen Wünschen und Hoffnungen gerecht werden zu können: Elikal als neutraler Name, von allen je möglichen Geschlechtern akzeptierenswert, im Hauptnamen einerseits ist die Krone vorhanden, etwas abgemildert als Klona und gleichzeitig mit bittel die Bitte als höfliches Zeichen und Angebot, für andere da zu sein. Diejenigen, die zwischen den Zeilen zu lesen vermögen, besser gesagt, zwischen den Buchstaben, werden außerdem bemerken, dass dieses Bittel einhergeht mit einer gewissen – oft unverzichtbaren – Autorität, dass dieses Bittel nämlich zu einem Bitter mutieren kann.

Übrigens: Zwar gibt es bei den Meidlinger Bezirksvertretern nur 19, welche ein L im Namen tragen. Von den 58 Mitgliedern sind allerdings 27, also fast die Hälfte Frauen. Das ist schon mal was!

Gemeindebauten

1. Reismannhof
Längenfeldgasse, Malfatigasse, Murlingengasse

Grundlegendes zu den Gemeindebauten der Zwischenkriegszeit wollen wir hier nicht verkünden; dafür gibt es zur Genüge andere Quellen. Auf die Aufzählung und Beschreibung der Siedlungen längs des Gürtels und an beiden Seiten der Längenfeldgasse wollen wir verzichten. Statt dessen kümmern wir uns um etwas, das manches Mal vergessen, vielleicht auch unter seiner Qualität verzeichnet und aufgelistet wird, nämlich um die Plastiken und Denkmäler, die damals in den Siedlungen errichtet wurden. Viele Jahre später sollte die Bezeichnung »Kunst am Bau« dafür verwendet werden.

Wir wollen uns sechs exemplarische Einzelbeispiele auf Meidlinger Boden anschauen. Dazu starten wir mit dem Reismannhof. Das Architektenteam Heinrich Schmid und Hermann Aichinger wollte zwischen der Längenfeldgasse und der Malfatigasse eine Stadt in der Stadt aufbauen, mit vielen Einzelhöfen und Durchgängen, mit vielen erstaunlichen Rundungen und überraschenden Zuspitzungen. Sie wollten das Selbstbewusstsein der Arbeiterklasse demonstrieren und setzten auf groß angelegte Wirkungen. Man betrachte das imposante Tor-Ensemble von der Malfattigasse oder von der Rizygasse aus!

»Kunst am Bau« wird man hier kaum finden; wir weisen jedoch darauf hin, dass sich im Mittelhof ein imposanter Kinderspielplatz befand, und gleich neben dem Spielplatz war eine Turnhalle errichtet. Man kann sie heute noch erkennen an den vielen ovalen Fensterln oberhalb der dreisprossigen Fensterreihe. Die Turnhalle korreliert mit einem konkreten Ziel des Architektenteams: Sie wollten die Bewohnerinnen und Bewohner zu sportlichen Aktivitäten motivieren, also raus aus dem Wirtshaus, hin zum

Sport. Leider ist von Turnsaal und Spielplatz nicht mehr viel geblieben außer einem Rondeau ohne Bankerl und ohne Turngeräte.

Jetzt hätten wir beinahe übersehen: Im Hof 3 stehen zwei musizierende Putti! Eines der Kindergestalten-Figuren spielt ein riesiges Cello, das zweite klammert sich an eine Ziehharmonika. Geschaffen wurden die Figuren vom Bildhauer Josef Riedl. Also doch Kunst am Bau! Der Zugang ist der Öffentlichkeit verwehrt, die Kinderfiguren stehen auf einem abgeschlossenen Kinderspielplatz.

Wir wollen noch auf den Namensgeber der Siedlung hinweisen. Edmund Reismann (1881–1942) leitete das Fürsorgeamt im Meidlinger Bezirk und zeigte bei der in Wien ausgetragenen Arbeiterolympiade seine organisatorischen Stärken. Er flüchtete im Februar 1934 nach Brünn/Brno, kehrte im Folgejahr nach Wien zurück. Wegen seiner jüdischen Herkunft wurde er 1938 nach Buchenwald deportiert, weiter führte sein Weg nach Auschwitz. 1942 wurde er dort ermordet.

2. Fuchsenfeldhof
Längenfeldgasse, Aßmayergasse, Murlingengasse

Die Komplementäranlage zum Reismannhof liegt auf der anderen Seite der Längenfeldgase – der Fuchsenfeldhof. Topografisch befinden wir uns auf dem Fuchsenfeld, den Namen erhielt das Fuchsenfeld vom bayrischen Wirten Michael Fuchs.

Dieser übernahm 1836 das Wirtshaus »Zu den sechs Linden« in der heutigen Wilhelmstraße 12. Er dürfte recht gut verdient haben, denn 1850 eröffnete er auf einem Nachbargrundstück ein riesiges Einkehrgasthaus, das er »Zum Fuchsen« nannte. Es wurde vor allem eine Herberge für die Viehtreiber, die Schweine und Hühner aus Westungarn – dem heutigen Burgenland – zum Meidlinger Markt trieben. In den Stallungen »Zum Fuchsen« konnten an die 2000 Schweine übernachten. Sein Sohn Julius Fuchs verkaufte das gesamte Areal im Jahre 1900 an die Gemeinde Wien.

Und wer tatsächlich einen »Fuchsen« sehen will, der soll durch den Torbogen in der Längenfeldgasse einbiegen und ein Stückerl weitergehn. Bald kann man ihn erblicken, den herrlichen Fuchsenkopf, der dereinst Teil einer Brunnenanlage war. Der Hersteller des Fuchsenkopfes ist unbekannt.

Ein echter Fuchs sauste hier nie ums Eck

Die Anlage, eigentlich kein schönes Wort, eine Anlage tätigte man früher auf der Bank, auch Wohnkomplex gefällt uns nicht, also die Siedlung besteht aus insgesamt vier Höfen, die durch Quertrakte und Durchgänge gegliedert sind, diese wiederum werden durch Terrassen und Pavillons unterteilt. Im zentralen Hof – im Ehrenhof – befand sich dermalen ein Kinderbad, ein Plantschbecken. Bei entsprechenden Temperaturen fror im Winter das Wasser und die Gschroppen konnten eislaufen. Zwei zum Plantschbecken passende Figuren – Nilpferde, von denen die Kinder ins Wasser rutschen konnten – sind leider verschwunden, übrig blieben zwei Putti mit Blasmusikinstrumenten am Rande des ehemaligen Plantschbeckens. Diese engelsgleichen Putti stammen ebenfalls vom Bildhauer Josef Riedl, der Figuren für mehrere Gemeindehöfe beisteuerte, etwa große Skulpturen für den Karl-Marx-Hof. In der Nazizeit porträtierte Josef Riedl des öfteren einen gewissen Adolf Hitler, allerdings ohne Blasinstrumente, und nach der Hitlerzeit setzte er ansatzlos seine Werke im Roten Wien wieder fort.

In der Fotosammlung des »Wienmuseums« finden wir eine historische Ansicht des Kinderbades. An die 20 Gschroppen trollen sich im Wasser, eine weibliche Person steht am Rande und dürfte Anweisungen erteilen. An der Häusermauer erkennt man ein paar Erwachsene, sie blicken ohne große Erregung auf die wilden Szenen im Wasser.

Heute erkennt man noch die Vertiefung, die ehedem mit Wasser gefüllt war. Von spielenden Kindern wird sie eher gemieden, die toben sich aus im nahen Wilhelmsdorfer Park.

3. Liebknechthof
Längenfeldgasse, Böckhgasse, Malfattigasse

An die Längenfeldgasse reihen sich mehrere Gemeindebauten; unterhalb der Flurschützstraße stoßen wir auf den Liebknecht-Hof, der an zwei deutsche Sozialisten erinnern soll: an Vater Wilhelm Liebknecht (1826–1900) sowie an Sohn Karl Liebknecht (1871–1919, ermordet von Rechtsradikalen). Als Architekt fungierte Karl Krist.

Der Liebknechthof ist ein typischer Durchgangshof mit insgesamt 28 Stiegen; als Gestaltungselemente dienten auf Pfosten gesetzte Kugeln, Flammen, Spitzerker und Spitzbögen. Eigenständige Kunstobjekte wird man hier nicht erblicken. Es sei denn, wir bezeichnen die bei allen Ein- und Ausgängen vorkommenden schmiedeeisernen Gittertore als Kunstwerke. Kunst am Bau sozusagen. Doch die monumentalen Gittertore könnte man auch als Zeichen der Absperrung und der Einzäunung, oder sagen wir gleich: der Abgrenzung begreifen. Sie stammen wie die gesamte Siedlung von Karl Krist.

4. Bebelhof

Aßmayergasse, Längenfeldgasse

Ein Stück weiter auf der Längenfeldgasse und wir erreichen auf der äußeren Seite den Bebelhof, benannt nach August Bebel, dem langjährigen Parteivorsitzenden der Deutschen Sozialdemokraten. Im Bebelhof konstatieren wir nahezu typisch für viele Gemeindebauten die einem Rechteck folgende Randverbauung mit einem geräumigen Innenhof. Dazu Arkaden und Ladenzone im zur Straße gewandten Teil der Siedlung. Architekt Karl Ehn (1884–1959) sorgte für eine Tuberkulose-Fürsorgestelle sowie für Depots für die Müllabfuhr. Karl Ehn fungierte als Architekt des Stadtbauamtes, er wurde berühmt durch die Errichtung des Karl-Marx-Hofes, weithin bekannt als *das* Architekursymbol für das »Rote Wien«. Ab 1934 arbeitete er für den Ständestaat und ab 1938 für die Nationalsozialisten.

Interessant ist die Geschichte mit dem Kugelfisch, der als Teil eines Brunnens dereinst den Mittelpunkt des Innenhofes kennzeichnete. Auch er war ein Werk des uns bereits bekannten Josef Riedl. Leider verschwand der Kugelfisch auf Nimmerwiedersehen, und in den Fünfzigerjahren des vorigen Jahrhunderts wurde er durch eine Kinderrutsche ersetzt, die von Mario Petrucci gestaltet wurde. Zitat von Petrucci himself: »Vergiss nicht, dass auch du einmal ein Kind warst.«

Der heute in Wien kaum bekannte Italiener Petrucci war in der Mitte des vorigen Jahrhunderts einer der angesehensten Bildhauer; von seiner Hand stammte das Relief von Ferdinand Hanusch am »Denkmal der Republik« auf der Wiener Ringstraße. Stimmt nicht ganz, die Restauration des von den Austrofaschisten zerstörten Reliefs von Ferdinand Hanusch stammt von Mario Petrucci. Im Bebelhof werden wir fündig: Der »Trinkbrunnen mit Frosch« ist ebenfalls ein Werk von Mario Petrucci. Auch wenn man heute kaum mehr dessen einstige Funktion erkennen kann.

Zurück zur Kinderrutsche. Die war ursprünglich in einem Sandbecken aufgestellt, das für eine weiche Landung sorgen sollte. Doch im Jahre 1986 wurde der Zugang zur Rutsche gesperrt, angeblich wegen des verseuchten Sandes durch die Reaktorkatastrophe in Tschernobyl. Seither steht die Rutsche als Fremdkörper im Hof herum, der Zugang ist abgesperrt, der Sand ist verschwunden, ein paar Bierdosen liegen im versperrten Rutschenbereich. Vergiss nicht, dass du auch einmal ein Kind warst.

Die gesperrte Rutsche von Mario Petrucci

5. Lorens-Hof
Arndtstraße, Klährgasse

Die nächste Siedlung, folgen wir der Längenfeldgasse in Richtung U-Bahn-Station, ist der Lorens-Hof, benannt nach dem allseits bekannten Volkssänger Carl Lorens. Von ihm stammen an die 2000 Wienerlieder, so das bekannte »Grüß enk Gott, alle miteinander«. Er wohnte in Gaudenzdorf in der Schönbrunner Straße 184.

»Lesende mit Kind«

Zurück zu den Kunstwerken am Bau. Uns fallen die an den Ecken der Siedlung sowie an den Toren postierten Kinder auf, die vertraut und hingebungsvoll mit ihren Tieren spielen. Wir erkennen einen Hund, einen Hasen, ein Pferd, das vielleicht als Hutschpferd dienen könnte, die vierte Figur beim Eingangstor ist leider zerstört worden, der Sockel ist noch vorhanden. Im geräumigen und stillen Innenhof – kein Geschrei von spielenden Kindern – steht die Plastik, die als die »Lesende mit Kind« bekannt geworden ist: Eine Mutter liest ihrem zu Füßen ruhenden Kind aus einem Buche. Bei einer der Restaurationen der Siedlung dürfte auch die Mutter etwas abbekommen haben, nun hält sie zeitgerecht ein Smartphone in der Hand. Die 1930 errichtete Plastik stammt von Rudolf Schmidt (1894–1980), der ähnlich wie Josef Riedl dem »Roten Wien« kaum verpflichtet war. Er wurde vor allem durch die Errichtung von Kriegerdenkmälern und der Statue für Engelbert Dollfuß an der Höhenstraße bekannt.

6. Indianerhof
Rotenmühlgasse, Aichholzgasse

Jetzt fehlt noch der Indianerhof. Ja, Indianerhof heißt er tatsächlich, und er liegt ein wenig westlicher, im Bereich zwischen der in den Schönbrunner Schlosspark führenden Hohenbergstraße und der Aichholzgasse. Diese Siedlung gleich eher einer Gartenstadt, ohne exakte geometrische Gliederungen, an Stelle des vormals hier wilden Gatterhölzls. Wir erkennen oberhalb von drei Rundtoren, die zur Gartenstadt führen, drei jugendliche männliche Figuren – ursprünglich sollten es vier gewesen sein, die angeblich die vier Kontinente repräsentieren. Einmal der kleine Indianer mit einem großartigen Federnschmuck, nach dem inoffiziell die gesamte Siedlung benannt ist, sodann ein Kind mit Büchern, das für den Europäer stehen müsste, und weiters ein Schwarzafrikaner mit Bananen, der auf einem Krokodil steht. Wie hätte wohl der Asiate ausgesehen?

Gut, wir stellen die Stereotypen hier nicht weiter in Frage, der Weiße liest ein Buch, der Schwarze isst Bananen, die Rothaut trägt einen Indianerschmuck, auch die Verteilung der Geschlechter wollen wir als der damaligen Zeit entsprechend einstufen – also ein Murli, eine Rothaut und Wiener Jungbazi -, sondern wir suchen nach den Schöpfern dieser drei Gestalten. Im »Weblexikon der Wiener Sozialdemokratie« wird auf die beiden Bildhauer Theodor Stundl und Josef Josephi hingewiesen; in anderen Texten wird eine unbekannte Herkunft konstatiert.

Ein Teil der ursprünglich aus acht Baulosen bestehenden Siedlung wird Theerhof – nach der nahen Theergasse – benannt. Ältere Anrainer erinnern sich an einem zumeist in schwarz gekleideten Mann, der zeitlich in der Früh mit einer schwarzen Aktentasche den Theerhof verließ. Es handelte sich dabei um Bruno Pittermann, dem damaligen Vizekanzler und Parteivorsitzenden der SPÖ.

Schlussendlich bleibt noch ein historischer Querverweis: Bis etwa 1900 befand sich hier ein undurchdringliches Waldgebiet, das von den Meidlingern eher gemieden wurde: Galt es doch als

Aufenthaltsort von Obdachlosen und anderen zwielichtigen Gestalten. Sein Name lautete Gatterhölzl, der Name leitete sich von einer »Chattermühle« ab, die später sich zu einer »Katterburg« entwickelte. Anderen Quellen nach soll sich die Katterburg im Gelände des heutigen Schlossparks Schönbrunn befunden haben.

Howgh, der Indianer hat gesprochen

Parkanlagen

1. Der Haydnpark
Ort: Ecke Flurschützstraße – Gaudenzdorfer Gürtel

Ein Park direkt neben dem Gürtel? Kontrastiver gehts nicht. Wir wollen in diesem Zusammenhang auch nicht über die Bedeutung eines Parks resümieren. Der da sein kann ein Parkplatz, also für Autos, zumeist mit Parkpickerl. Oder ein Tierpark, also für alles was fleucht und kreucht, zumeist in Käfigen. Oder doch ein Einkaufspark, da benötigt man ein Auto und einen Parkplatz, weil sonst kann man nicht einkaufen. Der Park kommt übrigens vom lateinischen parricus, was zumeist mit Gehege übersetzt wurde.

Hier erstreckt sich neben dem Gürtel der Haydn-Park. Der war ursprünglich ein Friedhof, und zwar der Hundsturmer Friedhof. Dieser Friedhof – innerhalb des Linienwalls, also des heutigen Gürtels, durften ab einem Befehl Kaisers Joseph II. keine Friedhöfe mehr bestehen – hat sich bis 1923 gehalten. Und das ist gut, weil sonst wäre unser Park wie alle Grundstücke längs des Gürtels dicht, dichter und am dichtesten verbaut worden.

Ein einziger Grabstein hat die Auflassung, die Sistierung, die Schließung des Friedhofes mehr oder weniger überlebt. Er steht an der Front zur Flurschützstraße auf der Nordseite des Parkes und ist der Originalgrabstein des Komponisten und Namensspenders Joseph Haydn, der am 31. Mai 1809 in seinem Gumpendorfer Haus starb. Der Grabstein steht heute nicht auf seinem ursprünglichen Standort, aber das spielt in Anbetracht der folgenden Ereignisse keine Rolle.

Acht Tage nach der Beisetzung stahl der Sekretär der Fürsten Esterházy, ein gewisser Joseph Carl Rosenbaum, den Schädel des Komponisten. Dazu musste er den Totengräber, den Gefängnisverwalter namens Johann Peter sowie zwei Beamte bestechen. Warum der Diebstahl: Rosenbaum fühlte sich der damals modernen Phrenologie verpflichtet, also einer pseudowissenschaftlichen Schädellehre, die Zusammenhänge zwischen einem genialen Denkvermögen und bestimmten Formationen oder Ausbildungen des Hirnes behauptete. 1820 wurde der schädellose Leichnam Haydns nach Eisenstadt überführt, wo er heute in der Bergkirche in einem Sarkophag zur ewigen Ruhe verkommt. Der Schädel hingegen unternahm eine längere Reise, so wanderte er vom schon erwähnten Sekretär des Fürsten zum Gefängnisverwalter Johann Peter. Über unzählige und bis heute nicht ganz geklärte Personen landete der Schädel des Komponisten schließlich bei der »Gesellschaft der Musikfreunde« in Wien. Sodann folgte ein makabrer Akt, der zwar nicht gefilmt, aber doch fotografiert wurde: Im Jahre 1954 wurde der Sarkophag geöffnet und der Bildhauer Gustinus Ambrosi drückte den Schädel auf den Rest des schädellosen Skelettes von Joseph Haydn: Er bastelte 150 Jahre nach dessen Tod den Komponisten in seiner Totalität zusammen. Und bis heute wissen wir nicht, ob die Schädelform des Komponisten auf eine geniale Denkform hinweist oder auf eine niederträchtige.

Der letzte Rest des Hundsturmer Friedhofes

Dafür können wir die lateinischen Worte auf dem Grabstein im Haydnpark lesen. »Non omnis moriar. Disc. Eius Neukomm Vindob. Reux. MDCCCXIV«

Also auf gut Haydnparkerisch: »Nicht zur Gänze werde ich sterben. Sein Schüler Neukomm nach Wien zurückgekehrt 1814«. Zur Klärung: Sigismund Ritter von Neukomm (1778–1858) galt nicht nur als Schüler des Meisters, er erstellte auch für manche seiner Oratorien die Klavierauszüge, man könnte ihn eher als Mitarbeiter denn als Schüler Haydns bezeichnen.

Hoffentlich gedeiht diese Dohnal-Birke!

Einige Schritte entfernt vom Grabstein des Komponisten erspähen wir die Dohnal-Birke. Sie – nein, nicht sie, sondern ganz eine andere Birke – wurde vor etlichen Jahren inmitten des Haydn-Parks eingepflanzt. Sie sollte an die verstorbene Politikerin Johanna Dohnal erinnern. Mehr zu Johanna Donahl finden Sie im 4. Kapitel.

2. Der Wilhelmsdorfer Park vulgo Deckerpark
Ort: Aßmayergasse – Flurschützstraße

Sollte sich heute ins dichtverbaute Meidling ein kleiner Park zwängen, so muss es bestimmte Gründe geben, die dessen Verbauung in der Gründerzeit mit den typischen Zinskasernen verhinderten.

So verhält es sich auch mit dem Wilhelmsdorfer Park zwischen der Flurschützstraße und der Längenfeldgasse. An dieser Stelle befand sich im 19. Jahrhundert ein Ziegelteich, und rings um den Ziegelteich standen mehrere Ziegelfabriken, in denen der abgebaute Ton – auch Töne können abgebaut werden! – gebrannt wurde. Nach dem Abbau des Tones blieb der Teich über, die Uferkante war eng, das Wasser war tief, und viele Kinder, die beim Spielen hineinpurzelt waren, konnten sich nicht mehr an Land retten und ertranken jämmerlich. Kein Wunder, dass man in Wilhelmsdorf und in Untermeidling erzählte, ein Wassermann treibe hier sein sogenanntes Spiel und zerre die Kinder am Haarschopf in die nasse Flut.

Im Jahr 1909 wurde der Ziegelteich zugeschüttet, der Wassermann verscheucht und ein für die damalige Zeit typischer Grätzlpark eröffnet. Wie wir im Kapitel »Wilhelmsdorf« bereits berichtet haben: Ein Relief an einem Gemeindebau in der Rauchgasse 15–17 erinnert ohne weitere Kommentare noch an den grauslichen Kinderverzahrer. Ein zweites Relief erkennen wir am Haus Eichenstraße 50–52 gleich vis-a-vis der Südbahn. Hier können wir lesen: »Wassergeist von Wilhelmsdorf«.

Der nördlich der Flurschützstraße gelegene Teil des Parks wurde von den Stadtwerke-Verkehrsbetrieben benutzt, die dort eine Straßenbahn-Remise errichteten. Anfang der Achtzigerjahre entstand statt der Remise ein groß angelegter Harry-Glück-Bau der GESIBA. Und nach einer kräftigen Umgestaltung wurde anno 1990 im Südteil der neue »Wilhelmsdorfer Park« eröffnet.

Im Volksmund wird er oft als Decker-Park bezeichnet, da er von einer längst im Park integrierten und als Achse den Park gliedernden »Deckergasse« gequert wird. Und wer's unbedingt wissen will: Georg Decker (1818–1894) war ein Wiener Aquarellporträtist.

Rauchgasse 15-17

Eichenstraße 50-52

Ein richtiger Grätzlpark ist der Wilhelmsdorfer Park. Im Vordergrund steht die Nutzung: Kinder spielen, ältere BesucherInnen ruhen. Wassermänner und Nixen bevorzugen die 2020 errichteten Sprenkelanlagen. Und Hunde müssen draußen bleiben. Die gärtnerische Gestaltung rückt dezent in den Hintergrund.

Recht gut gelang es, die verschiedenen Benutzergruppen voneinander zu trennen. Offene durchlässige Flächen, die natürlich neben einer Hauptschule situiert sind, laden zum Spielen und Rennen ein. Abgeschirmte gerundete Flächen mit vielen Parkbankerln werden von jenen bevorzugt, die für ungestörte Ruhe plädieren. Auf der Mittelachse ist leicht erhöht ein kleines Salettl errichtet, das als Treffpunkt mit wirksamen Blickkontakten funktioniert.

Und last but not least: Im Wilhelmsdorfer Park befinden sich zwei Klosettanlagen. Einmal ein historisches Pissoir, noch aufgestellt von der Landstraßer Firma »Wilhelm Beetz«. Und eine moderne Anlage, montiert von der MA 48 im Jahre 2019. Wer also müssen muss, dem oder der kann doppelt geholfen werden.

3. Der Hermann-Leopoldi-Park
Ort: Niederhofstraße – Grieshofgasse

Beim an den famosen Klavierhumoristen erinnernden Park gleich neben dem Meidlinger Markt stoßen wir auf ein interessantes Phänomen. Im Jahre 2002 wurde der Park nach einer bei den Anrainern durchgeführten Befragung verkleinert. Im Nordteil, also an der Arndtstraße, entstand das »Anton Benya Haus«, ein geriatrisches Tageszentrum mit verschiedenen Pflegeeinrichtungen der Gemeinde Wien.

Der verbleibende Park gliedert sich in zwei Teile: In den Spielplatz, auf dem sich zumeist lautere und leisere Kindergruppen abwechseln. Und in den allgemeinen Teil, der von einem Rondeau beherrscht wird, auf dem zumeist Karten spielende Männer zu beobachten sind.

Und wieso ist der Park nicht verbaut worden? Früher befand sich hier ein Bad. Das Pfannsche Mineralbad. Wir folgen Peter Autengruber und seinem Buch »Parks und Gärten in Wien«:

»Als ein gewisser Josef Pfann 1819 seinen Brunnen vertiefen ließ, stieß man auf schwefelhaltiges Wasser. Die Wasserzusammensetzung wurde untersucht und die Eignung für Trink- und Badekuren erkannt. Daraus entstand das beliebte Pfannsche Mineralbad, welches 1910 noch einmal umgebaut wurde«.

Es verfügte über Dampfbäder, Duschen, Kalt- und Warmwasserbecken, das Heilwasser konnte man auch abgefüllt kaufen. Bis in die 70-Jahre des letzten Jahrhunderts zog also kein böser Wassermann die Anrainer in die tödlichen Fluten, sondern sie hüpften hinein mit der Hoffnung auf Besserung ihres Gesundheitszustandes.

Erst im August 1976 wurden die Räumlichkeiten des Bades abgerissen. Der oben erwähnte Hermann-Leopoldi-Park konnte entstehen.

An das Bad erinnert übrigens »Die Badende«: Eine Plastik vor dem Haus Niederhofstraße 10–12. Diese stehende Frauengestalt würde niemand als eine Badende bezeichnen, aber sie heißt ja nicht »Die Schwimmende«, und wieso soll eine Frau nicht im Stehen ihr Bad nehmen, außerdem hat sie ein Badetuch um ihren ansonst nackten Körper geschwungen. Aufgestellt wurde sie 1957, und ihr Schöpfer heißt Alexander Wahl. Angeblich blickt sie auf jene Stelle, wo dereinst die Schwefelquelle sprudelte

4. Der Miep-Gies-Park
Ort: U-Bahn-Station Tscherttegasse

Zu Füßen des Jahrhundertbauwerkes »Kabelwerke« erstreckt sich eine Grünfläche, die auf der anderen Seite von der Trasse der U-6 abgegrenzt wird. Sie ist phasenweise recht eng, dafür zieht sie sich in die Länge und reicht bis zu »An den Eisteichen«, wo die Besucher mit festem Schritt weiterwandern können.

Gegliedert ist der Park in verschiedene Zonen. So erblicken wir erst die seniorentauglichen Wiesen mit Bankerln und Liegeflächen, sodann den stark frequentierten Kinderspielplatz, weiters einen »Aktivpark« mit Turngeräten und »An den Eisteichen« eine Hundeauslaufzone.

Und jetzt kommen wir zum zentralen Punkt nicht des Parkes, sondern unseres Berichtes:

Wer war Miep Gies?

Also: Miep Gies – wir wissen schon, dass es sprachlich eine Überwindung benötigen wird, um sich im Miep-Gies-Park zu treffen – also Miep Gies war Hermine Santrouschitz, geboren am 15. Februar 1909 in der Wiener Schönbrunner Straße. Nach dem Ersten Weltkrieg wurde sie im Rahmen eines Projektes zur Unterstützung unterernährter Kinder nach Holland geschickt. Um dort bis zu ihrem Tode im Jahre 2010 zu bleiben.

Im Jahre 1933 wurde sie in Amsterdam Sekretärin der Firma Opetka, diese gehörte einem gewissen Otto Frank. Sie freundete sich mit dessen Töchtern Anne und Margot an. Unsere Hermine Santrouschitz heirate den Holländer Jan Gies, um nicht in ihre zur Ostmark mutierte Heimat zurückgeschickt zu werden.

Am 5. Juli 1932 hätte die Familie Frank in ein Arbeitslager deportiert werden sollen. Unsere Hermi Gies half mit, die gesamte Familie, später kamen noch andere dazu, in einem Hinterhaus in der Prinsengracht 263 zu verstecken. Frau Gies – aus Hermine war in der Zwischenzeit Miep geworden – versorgte die Untergetauchten mit Nahrung, Lektüre und Zuwendung. Am 4. August 1944 wurde das Versteck entdeckt, die Versteckten wurden verhaftet. Kurz nach der Verhaftung schlich sich Frau Gies noch einmal in das Versteck und rettete einige persönliche Habseligkeiten der Familie Frank – unter anderem das Tagebuch, das Anne Frank in der Zeit ihres Versteckes geführt hatte.

Otto Frank sollte als einziger die Deportation überleben. Als er nach Amsterdam zurückkehrte, überreichte ihm Miep Gies das später weltberühmt werden sollende Tagebuch seiner Tochter Anne Frank.

Miep Gies starb 100-jährig am 11. Jänner 2010 in einem Pflegeheim in Hoorn in Nordholland. Wir setzen im Park am Fuße des Kabelwerkes drei fiktive Linden. Eine Für Miep Gies, oder für Hermine Santrouschitz, eine für Anne Frank, und die dritte für einen geistigen Standpunkt. Der lautet: Nicht vergessen!

5. Grete-Salzer-Park
Sechtergasse, Vivenotgasse, Wilhelmstraße

In der Sechtergasse liegt der ca. 3000 Quadratmeter große Grete-Salzer-Park.

Der Park ist benannt nach der Gartenarchitektin und Gründerin der Gartenbauschule »Hortensium«. Grete Salzer wurde 1882 als zweitjüngstes Kind von acht Kindern in eine assimilierte jüdische Familie geboren.

Sie besuchte die Höhere Gartenbauschule für Frauen in Wien-Grinzing und war 1920 Gründungsmitglied des Vereins der Grinzinger Gärtnerinnen. Bis zu ihrer Emigration lebte sie in ihrem Elternhaus in der Hofzeile 29, wo sie 1922 auf dem weitläufigen Grundstück das »Hortensium« errichtete. Dieser Betrieb umfasste neben einer Staudengärtnerei und einem Entwurfbüro auch eine Gartenbauschule. Dort hatten Mädchen und Burschen die Möglichkeit, eine Lehre zu absolvieren, außerdem wurden die Lehrlinge auch auf den Besuch einer höheren Lehranstalt vorbereitet. Neben dem Schulgarten in Grinzing stand ein fast drei Hektar großer Besitz in der Dr.-Heinrich-Maier-Strasse (früher Julienstrasse) zur Verfügung.

Grete Salzer erarbeitete Bepflanzungspläne und führte selbst Bepflanzungen durch. 1930 gestaltete sie den Garten des Landhauses des mit ihr verschwägerten Ehepaares Hedwig und Paul Khuner in Payerbach, das als Loos-Haus bekannt wurde. Für die Wiener Werkbundsiedlung entwarf sie mit Alois Berger ebenfalls zwei Gärten.

Nach dem »Anschluss« war Grete Salzer gezwungen, ihren Betrieb zu verkaufen. Käuferinnen waren Anna Klambauer und Erna Adam, eine Fachlehrkraft an Salzers Schule. 1939 emigrierte Grete Salzer nach London, wo sich ihre Spur verliert. Nicht nur ihre Spur, auch ihr Nachlass ist verschollen.

Die Parkanlage des Grete-Salzer-Parks wurde 2018 komplett saniert, umgestaltet und dabei erheblich vergrößert, die Neugestaltung erfolgte unter direkter Beteiligung der Anrainerinnen und Anrainer. Durch die integrierte Lage ist der Park das Herz der Nachbarschaft und, so vermuten wir, ein echter Parkgeheimtipp.

6. Paula-von-Mirtow-Park
Wolfganggasse, Flurschützgasse

Der kleine Park an der Wolfganggasse ist benannt nach der Gärtnerin, Botanikerin und Lehrerin Paula von Mirtow (1897 bis 1970). Sie war das älteste von vier Kindern des jüdischen Ehepaares Adolf und Helene Fürth (geb. Dub). 1921 promovierte sie mit der Arbeit »Zur Biologie und Mikrochemie einiger Pirola-Arten«. Schon während ihres Studiums hatte sie ein Praktikum an der Höheren Gartenbaulehranstalt in Berlin-Dahlen absolviert, in den 1920er-Jahren richtete die junge Botanikerin auf dem ausgedehnten Grundstück ihrer Eltern in Döbling eine Fachschule ein, an der Mädchen und Frauen einen Lehrabschluss als Gärtnerin oder höhere Qualifikationen erwerben konnten. Außerdem betrieb sie dort eine Gärtnerei mit einem angeschlossenen Blumengeschäft.

1926 wurde sie Vorsitzende Stellvertreterin des »Vereins der Gärtnerinnen Österreichs«. In den 1930er-Jahren präsentierte sie ihre Arbeiten auf verschiedenen Ausstellungen. Mit der Architektin Liane Zimbler gestaltete sie einen kleinen Innen-Garten mit Steingärtchen für eine Frauenkunst-Ausstellung in der Wiener Hofburg und mit dem Architekten Otto Prutscher einen Hofgarten auf der Ausstellung »Blume und Plastik« im Wiener Künstlerhaus.

1937 heiratete Paula Fürth den griechisch-katholischen Schriftsteller Serge von Mirtow, mit welchem sie 1939 nach England fliehen konnte. Dort wandte sich Paula von Mirtow theologischen Themen, vor allem der Beziehung zwischen Judentum und Christentum, zu. Wahrscheinlich starb sie in den 1970er-Jahren in London. Ihr Todesdatum ist unbekannt.

7. Der Christine-Busta-Park

Nähe Theresienbad: Füchselhofgasse, Ruckergasse, Tivoligasse

Die Meidlinger Bezirksvorstehung überlegte 2004, den Füchsel-hof (benannt nach der Besitzerfamilie Füchsel aus dem 15. Jhdt.) zu Ehren von Christine Busta in »Christine-Busta-Hof« umzube-nennen. Die Lyrikerin und Kinderbuchautorin Christine Busta (1915 bis 1987) ist Trägerin des Großen Österreichischen Staats-preises für Literatur.

Nicht der Hof, aber der Park wurde umbenannt. Wie man auf der Website der Wiener Stadtgärten erfährt, ist der Christine-Busta-Park ein kinderfreundlicher »Beserlpark« im Herzen Meid-lings, hinter dem Theresienbad.

Mehr über die Dichterin lesen Sie im 4. Kapitel.

Belebt ist der Christine-Busta-Park

Das Theresienbad

Vom Christine-Busta-Park zum Theresienbad ist es nur ein Katzensprung. Das Theresienbad ist wahrscheinlich das älteste Bad Wiens. Seine Ursprünge reichen bis in die Römerzeit zurück, in der bereits eine Schwefelquelle bekannt war. Diese geriet allerdings wieder in Vergessenheit. Ein hier gefundener Nymphenaltar befindet sich heute im Kunsthistorischen Museum und ist auf dem Meidlinger Bezirkswappen zu sehen.

Am Wienfluss lag seit dem Mittelalter ein Gutshof, genannt der »Niederhoff an dem Bach gelegen«, der bei den Türkenbelagerungen 1529 teilweise und 1683 völlig zerstört wurde. Zwischen 1693 und 1699 erbaute der italienische Baumeister Domenico Martinelli für den Marchese degli Obizzi eine Schlossanlage, die bis 1902 bestand: das Meidlinger Schloss. Einer der Nachbesitzer des Schlösschens war der Jesuitenpater Abbé Pohl. Er entdeckte 1755, dass das Wasser eines Brunnens im Garten Schwefel enthielt. 1764 ließ Maria Theresia den Besitz kaufen und im Schloss eine »Wollenzeug-Fabrik« einrichten, die als Besserungsanstalt für Mädchen und Frauen dienen sollte. Vor allem straffällig gewordene Frauen wurden dort zwangsweise beschäftigt.

Der Bereich um den genannten Brunnen wurde nicht in das Fabriksareal einbezogen, sondern ein Bad ausschließlich für die kaiserliche Familie eingerichtet, die nicht weit von hier in Schönbrunn wohnte. Der Arzt Professor Heinrich Johann Cranz, der im Auftrag Maria Theresias 1773 das Wasser untersuchte, schrieb diesem Heilwirkung zu: Als Trinkwasser bei Gelbsucht, als Badewasser bei Hautkrankheiten. 1782 entdeckte man eine zweite Quelle, die eisenhaltiges Wasser enthielt.

1803 wurde der Besitz abermals verkauft. Die neuen Besitzer, die Familie der Freiherren von Ehrenfels, errichteten ein Kurbad und gaben dem Bad zur Erinnerung an Maria Theresia den

Namen Theresienbad. Bei der Erweiterung und Vertiefung eines Brunnens wurde 1822 der Hauptstrom des Wassers entdeckt. Aus der kleinen Kuranlage wurde ein großes Kurbad. Noch vor 1806 wurde im Mittelbau des Schlösschens ein Theater eingebaut. In den Rittersaal des Schlosses, der reich mit Fresken bemalt war, wurden Logen und zwei Galerien integriert, wodurch ein Theatersaal für rund 600 Gäste entstand. Dieses Theater wurde aber zunächst nur für gelegentliche Liebhabervorstellungen vor einem geladenen Publikum genutzt. Als 1822 das neue Theresienbad entstand, wurde auch das Theater in das Areal einbezogen und in ein öffentliches Sommertheater umgewandelt. 1833 übernahm der Schauspieler Louis Groll die Bühne und führte sie zu großem Erfolg. Publikumslieblinge wie Ferdinand Raimund, Johann Nestroy, Ludwig Anzengruber, Antonie Mansfeld, Josef Matras und andere traten im Meidlinger Theater vor einem begeisterten Publikum auf. Meidling hatte sich in dieser Zeit durch die nahe beieinander gelegenen Einrichtungen des Theresienbades, des Meidlinger Theaters und des Vergnügungsetablissements Tivoli zu einem beliebten Ausflugsziel der Wienerinnen und Wiener entwickelt.

Doch die Zeiten der Konjunktur änderten sich wieder, und 1874 fand die letzte Theatervorstellung im Meidlinger Theater statt. Auch die Attraktivität des Kurbades wurde im Laufe der Zeit durch die fortschreitende Industrialisierung beeinträchtigt, die Eisenbahn machte andere Kurbäder leicht erreichbar. 1881 kaufte die Gemeinde Unter-Meidling das gesamte Areal und errichtete das Amtshaus, Schulen, Wohnhäuser und ein neues Theresienbad. Dieses war allerdings kein Kurbad mehr, sondern wurde mit Hochquellwasser betrieben. 1884 wurde der Gebäudeteil, welcher das Theater beherbergte, abgerissen, wodurch über die kleine Parkanlage ein repräsentativer Eingang zum dahinter gelegenen Theresienbad entstehen konnte.

1890 ereignete sich die Einverleibung der ursprünglich selbständigen Vorstadtgemeinden Ober- und Untermeidling in die Stadt Wien. Das Theresienbad, das bisher Untermeidling gehört hatte, kam in städtischen Besitz. 1902 wurde das Schloss abgerissen. In den Kellern des Schlosses fand man zur allgemeinen Überraschung verliesartige Gewölbe, die an mittelalterliche Kerker erinnerten. Wir fragen uns natürlich, inwieweit diese Verliese mit der Besserungsanstalt für die straffällig gewordenen Mädchen und Frauen zusammenhängen.

Das Bad wurde 1902 – nicht mehr mit Schwefelwasser, sondern gespeist mit Wasser aus der Ersten Hochquellenleitung – neu eröffnet und 1910 eine neue Badeanstalt (mit Dampfbad und Wannenbädern) errichtet. Im Zweiten Weltkrieg fiel das Theresienbad 1944/1945 den Fliegerangriffen zum Opfer. Bereits am 20. Mai 1945 erfolgte die provisorische Neueröffnung, der Wiederaufbau begann 1952 in zwei Ausbaustufen.

Heute umfasst das Theresienbad ein Freibad, ein Kinderbecken und ein Sportbecken sowie ein Hallenbad mit Sauna und Dampfbad. Auch ein Brausebad ist vorhanden. Dieses dient wie in den früheren Volksbädern, auch »Tröpferlbad« genannt, ausschließlich der Körperreinigung.

In der Schwimmhalle befinden sich zwei monumentale keramische Mosaike von Carry Hauser zum Thema Badende aus dem Jahr 1964. Rudolf Hausner schuf im Dampfbad 1953 ein Keramikmosaik mit einer antiken Badeszene, Paul Meissner ebenfalls 1953 Triton auf einer Flöte blasend. Vor dem Eingang zum Bad befindet sich eine Bronzeplastik von Oskar Thiede, die einen Schwimmer darstellt, dahinter ein Gedenkstein mit der Geschichte des Bades.

Draußen, neben der Liegewiese, steht ein kleiner Kiosk. Auch ohne Schwimm-Ambitionen lässt es sich hier gut aushalten. Im Kaffeeduft baden, Eis essen, Kinder und Familien beobachten und den verschiedenen Sprachklängen lauschen. Die Stunden fliegen vorüber und schon ist es Abend: Zeit, dem Theresienbad »Ade« zu sagen.

Friedhöfe

1. Meidlinger Friedhof

Haupteingang: Haideackergasse 6, zu erreichen über Schedifkaplatz, südlicher Ausgang der Station der U 6 »Meidling Philadelphiabrücke«; weitere Eingänge in der Eibesbrunnergasse sowie
am Eck Kundratstraße-Kerschensteinergasse

Irgendwanneinmal kommt das Ende. Und dann landet – welch
kuriose Bezeichnung für eine Leiche – landet man am Friedhof.

Der Meidlinger Friedhof wurde am 6. August 1862 eingeweiht,
damals beteiligten sich die Gemeinden Obermeidling, Untermeidling und Gaudenzdorf an seiner Errichtung auf einem freien
Gelände südlich des Meidlinger Bahnhofes.

Betritt man den Friedhof vom Schedifkaplatz aus, wird man
die Grabsteine der Kaiserzeit in ihrer Monumentalität und ihrem
Trachten nach Repräsentation sichten. Ein kleiner Rundumgang
durch das Reich der Toten kann auch den am Leben haftenden
unwillkürlich in seinen Bann ziehen.

Apropos Reich der Toten, Metropolis. Natürlich lebt jemand
auf dem Friedhof. Und wir haben schon Fotografen gesichtet, die
ihre Stative aufgestellt hatten, um ein Foto der hier Lebenden zu
erhaschen. Es sind die Hamster. Nähert sich ein noch dem irdi-
schen Leben Verhafteter, verschwinden sie schnell in einen der
unzähligen unterirdischen Gänge im Reich der Maden und Würmer, und vielleicht tauchen sie überraschend bei einem anderen
Schlupfloch auf und beobachten insgeheim die sich hier tum-
melnden menschlichen Lebewesen.

Unsere Blicke richten sich wieder auf die Grabsteine aus der Zeit
der Monarchie und den Zwanzigerjahren des vorigen Jahrhunderts. Viele der hier in aller Ewigkeit Ruhenden tragen tschechische Namen. Wir erkennen die Namen auf den Grabsteinen selber, auf Marmortafeln, auf einfachen Holzkreuzen. Wobei die

Schreibweise im korrekten Tschechisch erfolgte, also mit dem haček und der čarka, dem Stricherl, und noch nicht in der eingewienerten Version. So lesen wir etwa »Roza Turčik« oder »Rodina Adamcová« und so weiter. Auf manchen Grabsteinen sind auch die Abschieds- und Trauerfloskeln auf Tschechisch – etwa »Srdce v těle Tvém již nebije«. Schlüsse auf die gemischte ethnische Herkunft der damaligen Meidlinger Bevölkerung sind daher zulässig. Und was ist aus der Mischkulanz geworden? Ist das Deutschtum in Meidling untergegangen?

Bei den neueren Gräbern blicken wir auf viele serbische Inschriften. Überraschenderweise stellen wir fest, dass viele junge Frauen und Männer bestattet wurden, sie liegen in ihren Särgen alleine im Schacht, keine Särge von Eltern oder Großeltern. Warum sterben in Wien soviele junge Serben? Beinahe zwanghaft taucht die Frage auf: Ist unter den Jungserben in Wien eine Epidemie ausgebrochen? Wurden sie Opfer von Verkehrsunfällen? Was ist sonst passiert?

Ihre Gräber sind übrigens reich und üppig und teilweise kitschig gestaltet, oft wacht die Jungfrau Maria mit einer Schar von Engeln, dass im unterirdischen Reich der Maden und Würmer – und der Goldhamster – kein weiteres Unheil mehr passiere.

Wir wollen uns aber das Grab zweier Österreicher anschauen, genauer zweier Wiener, und wenn der eine im niederösterreichischen Pottendorf geboren wurde, so war zumindest seine Frau eine echte Meidlingerin.

Der eine hat ein Ehrengrab in der Nähe der Aufbahrungshalle, der andere liegt namenlos zwei Steinwürfe weiter angrenzend an die Kerschensteinergasse und hört recht deutlich die Züge der Südbahn vorbeirauschen. Der eine – der mit dem Ehrengrab – saß das letzte Jahr seines Lebens im Gefängnis, bei seiner Bestattung auf dem Meidlinger Friedhof dürfte kaum eine Remasuri passiert sein. Der zweite saß schon mit jungen Jahren im Gefängnis, jedoch zu seinem Begräbnis erschienen Tausende, ja Zehntausende von Trauergästen, angeblich mehr als zum Begräbnis Seiner Majestät Kaiser Franz Josephs drei Jahre zuvor.

Der erste verhalf Generationen von Schülern zu einer kostenlosen Ausbildung, er schaffte das bis dahin obligatorische Schulgebet ab und förderte geräumige helle Schulzimmer. Der zweite verzichtete auf eine schulische Ausbildung, er schwänzte die Schule. In seinem Beruf werkte er als Autodidakt, mit seinen erworbenen Fähigkeiten war er zu seiner Zeit ziemlich konkurrenzlos in seinem Fach. Allerdings währte seine Zeit nicht lange: Mit 28 Jahren wurde von der Polizei am 1. April 1919 – kein Aprilscherz – auf der Flucht erschossen.

Nun wird es Zeit, das Geheimnis der Namen zu lüften. Bei der ersten Person handelt es sich um Otto Glöckel, den Präsidenten des Wiener Stadtschulrates. Bei der zweiten hingegen um einen vom Volk erwählten König, um den Meidlinger Einbrecherkönig Johann Breitwieser, den Breitwieser-Schani. Lesen Sie weiter in unserem Kapitel »Pülcher und Pülcherinnen«.

2. Hetzendorfer Friedhof
Eingang: Elisabethallee 2, an der Kreuzung zur Graf-Seilern-Gasse

Es gibt in unserem Bezirk noch andere Friedhöfe: So der Hetzendorfer Friedhof. Zwischen der Trasse der Verbindungsbahn und der stark befahrenen Graf-Seilern-Gasse führt der Friedhof ein sehr eingezwängtes und vom Ort Hetzendorf durch die Eisenbahntrasse getrenntes Leben. Zwar besteht er bereits seit dem Jahre 1784, doch die ungünstige Lage führte vor ca. 50 Jahren zu einer Debatte über seinen Fortbestand. Dieser ist nach einer Volksbefragung im Jahr 1980 jedoch gesichert.

Das Altarkreuz im Aufbahrungsraum stammt vom Maler und Glaskünstler Hermann Bauch (1929–2006). Bekannt wurde Hermann Bauch durch seinen »Himmelkeller« im Weinviertler Ort Kronberg.

3. Südwestfriedhof
Haupteingang: Hervicusstraße

Immerhin der zweigrößte Friedhof von Wien! Nach dem Ersten Weltkrieg kaufte die Gemeinde Wien freie Flächen zwischen der Trasse der Südbahn und dem Rosenhügel. Die geräumige Anlage war für die Bezirke 12 bis 16 vorgesehen, sie ist über insgesamt acht Eingänge zu erreichen und wird geteilt durch die erst in den 60er Jahren errichtete Wundtstraße. Als Haupteingang wollen wir das Tor 1 bezeichnen, das in der Hervicusstraße gleich bei der Rosenkranzkirche liegt.

Kurz zur Hetzendorfer Pfarrkirche, der Rosenkranzkirche: Sie wurde erst 1908/09 im neuromanischen Stil errichtet, den Namen erhielt die viel älter wirkende Kirche durch das von einer Vielzahl von Rosen geformte Gewölbe. In der Kirche hängt ein Triptychon, das der bekannte Maler Ernst Fuchs 1958/1959 schuf. Ein von Hetzschriften verleiteter Liebhaber der »Modernen Kunst« zerstörte 1979 das Triptychon schwer, es musste 1989/1990 aufwendig restauriert werden.

Gut, wir starten unsere Begehung beim Einsertor. Auf der einen Seite eine Urnengruppe, auf der anderen Seite die ehemalige Friedhofsverwaltung. Die Gräber sind durchwegs neueren Datums, sie sind schlicht und ohne besondere Akzentuierung errichtet, auf den Grabsteinen künden keine Berufsbezeichnungen oder Nennung der Ehrentitel über die Meriten der hier Ruhenden.

Freilich gibt es mehrere Ehrengräber. Als pars pro toto wollen wir uns das Grab von Kurt Absolon betrachten, das von einem Steinquader hinter einem Weidenstrauch beschützt und bewacht wird. (Gruppe 34, Reihe 10, Nummer 40). Geboren 1925, avancierte Kurt Absolon zu einem der bekanntesten Illustratoren und Zeichner der Fünfzigerjahre. Er starb bei einem Autounfall bei der Rückfahrt vom Steinbruch in St. Margareten am 26. April 1958.

Vom Südwestfriedhof – einer der wenigen Friedhöfe, der nicht nach Orten, sondern nach Himmelsrichtungen benannt ward – sind es nur ein paar Schritte zu einem topografisch sehr spannenden Ort: Zum Gipfel des Rosenhügels. Hier, auf dem heute unberosten Gipfelpunkt des Hügels mit der blumigen Bezeichnung, wollen wir einen virtuellen Grenzstein einmauern: »Hier auf dem Rosenhügel treffen drei Wiener Bezirke aufeinander: Liesing, Hietzing und Meidling«.

Und im Meidlinger Teil sehen wir die Ziegelschupferinnen. Ja, die Ziegelschupferinnen! Bitte Weiterlesen im Kapitel »Grenzstellen und Eckpunkte«!

4. Altmannsdorfer Friedhof
Eingang: Stüber-Gunther-Gasse 1, bei der Station der U 6 Tscherttegasse

Auf den vierten Friedhof häten wir beinahe vergessen: Auf den Altmannsdorfer Friedhof. Er zeichnet sich auch weniger durch seine Anlage, durch seine Gräber oder seinen Baumbestand aus, Ehrengräber sucht man dort vergeblich. Aber er wirkt wie ein Hammer durch seine topographische Lage. Als wäre er ein Relikt aus einer längst überholten Zeit, harrt er mit tödlicher Miene in der flüchtigen Gegenwart. Hinter ihm reckt sich die hochgeschossige und weitläufige Siedlung »Kabelwerke« gen Himmel, vor ihm lagern die Gleise der U 6. Und zwischen den flotten Garnituren der U 6 und dem vielschichtigen, bunten Leben im »Kabelwerk«, da erstarrt die Ruhe der Toten in Altmanndorf.

Eingeweiht wurde er daselbst bereits im Jahre 1784 vom damaligen Altmannsdorfer Pfarrer, er ist also der älteste Friedhof in Meidling.

Und dass wir nicht vergessen: Zwischen diesem Friedhof und der Trasse der U 6, da gibt es noch eine von vielen benutzte Parkfläche, den Miep Gies-Park. Darüber haben Sie schon im Kapitel »Parkanlagen« gelesen.

5. Feldhamster als Friedhofsbewohner

Noch einmal zurück zum Meidlinger Friedhof: Viel zu rasch haben wir uns von den Feldhamstern ab- und den Gräbern zugewendet. »Am Tag sieht man die eher nicht«, sagt Beppo zu mir, während wir auf den schmalen Wegen zwischen den Gräbern schlendern. Beppos Fokus ist nicht auf Hamster gerichtet, er will zu dem Grabstein, der aussieht, als hätte ihn Gustav Klimt höchstpersönlich hergestellt, ein buntes Monument mit den vielen Verzierungen. »Irgendwo da drüben müsste er sein,«, Beppo bleibt stehen und zeigt in eine der entfernteren Reihen.

Soeben wollen wir weitergehen, als ich irgendetwas höre, etwas Unpassendes, nicht Hierherpassendes. Eine Art kurzes, scharfes, aber in gewisser Weise ersticktes Fauchen. Meine Katze konnte, als sie erst wenige Wochen alt war und mich anfauchen wollte, nicht fauchen. Sie sprang auf ein Kästchen oder auf den Kasten, um dann von dort oben herunter zu – nein, nicht fauchen, sondern ein scharfes »k« von sich zu geben. Ein hartes »ck«, wenn man so will, und auch später fauchte sie nicht. Sie hatte es wohl nicht richtig gelernt oder hatte vielleicht einen Sprachfehler, einen Katzensprachfehler. Sie knurrte, aber aufgrund ihres Fauchfehlers kam nur ein »k« aus ihrer Katzenkehle.

Einen ungefähren Ton wie dieses »k« vernahm ich plötzlich neben mir, als Beppo und ich weitergehen wollten. Erschreckt blickte ich neben mich nach rechts, dorthin, wo der Ton herkam und – ich traute meinen Augen nicht: Ein Hamster! Auf dem Grab, direkt vor dem Grabstein stand ein kleiner Hamster auf Hinterfüßen, mit leicht geöffnetem Mund. Wie erstarrt. Und starrte mich an.

Der Europäische Feldhamster lebte über lange Zeit auf den Feldern und Fluren. Durch die immer knapper werdenden ursprünglichen Lebensräume beginnt er, nun auch die Stadt zu erobern. In West- und Mitteleuropa sind die Feldhamsterbestände stark zurückgegangen. Deshalb zählen sie zu den streng geschützten Tierarten. Sie werden in der »Roten Liste« als gefährdet eingestuft. Dabei ist der Hamster sehr anpassungsfähig. Nicht nur morgens und abends begegnet man dem kleinen Nager. »Städtische« Hamster verlassen oft auch tagsüber ihre Höhle unter der Erdoberfläche, um nach Nahrung zu suchen. Sie wissen, die Menschen sind ihnen wohlgesonnen.

Mein Hamster wusste es wohl nicht. Ein kurzer Blick, ein gegenseitiges Betrachten in Bruchteilen von Sekunden, ich wollte Beppo gerade am Ärmel zupfen und ihn auf den Hamster hinweisen, schwups! Schon war er in dem kleinen Loch, das ich jetzt im Gras des Grabes entdeckte, verschwunden.

»Die Eingangslöcher findest du überall hier am Friedhof«, meinte Beppo. »Vielleicht kommt er ein paar Gräber weiter drüben wieder an die Oberfläche.« Er kam nicht. Ich wartete und wartete. Beppo war schon längst weitergegangen.

Feldhamster fressen grüne Pflanzenteile, Beeren und Früchte besonders gern. Diese finden sie teilweise in Parks, bei Wohnhausanlagen, in Kleingärten und ebenso auf Friedhöfen. Das heißt, sie laben sich auch gerne an den Pflanzen, die die Gräber schmücken. Außerdem steht fleischige Kost wie Insekten, Kleinsäuger und Würmer auf ihrem Speiseplan. Feldhamster sammeln vom Frühjahr bis in die frühen Herbstmonaten Vorräte für die lange kalte Zeit und ihren Winterschlaf. Im Herbst ziehen sie sich in ihre Bauten zurück, die sie mit einem ausgeklügelten System an Gängen miteinander verbunden haben. Die unterirdischen Hamsterbauten sind aber mehr als nur Gangsysteme. Es gibt Vorratskammern, mit Heu ausgebettete Schlaf- und Nistkammern und eine eigene Toilette. Die Wohnbereiche werden tiefer als 80 cm gegraben, um im Winter frostgeschützt zu sein. Steigen die Außentemperaturen im Frühling wieder an, wagen sich auch die Hamster aus ihren Winterquartieren.

Die Feldhamster finden auf dem Gelände des Friedhofes Meidling optimale Lebensbedingungen vor und mitterweile lebt eine große Hamstergemeinde hier. »Manche Menschen kommen immer wieder hierher, um endlich einen Meidlinghamster fotografieren zu können«, sagt Beppo.

Was er aber nicht weiß: Die Hamster haben längst entdeckt, welcher Rummel um sie gemacht wird. Während sie so tun, als ob sie scheu und verschreckt sind und gleich wieder ins nächste Hamsterloch huschen, wissen sie ganz genau, sich als Shooting-stars des Meidlinger Friedhofs so in Szene zu setzen, dass Fotografen wie Andreas Hausensteiner grandiose Aufnahmen für die Wiener Bezirkszeitung machen können.

Mich hat der kleine Hamster mit seiner schönsten Zweibein-hamstermännchenhaltung begrüsst, obwohl ich ohne Fotokamera im Friedhof flanieren ging. Wenn das keine Auszeichnung ist!

Hinweis für die Friedhofsbewohner

Die BIM

»Foah ma mit da Bim«, daran kann ich mich noch erinnern, BIM-fahren konnte man schon damals, als ich ein kleines Mädchen war. Durch längere Wienabwesenheit musste ich mir das Wort wieder erarbeiten. BIM.

Es gibt ein Buch über Wiens BIMs: »Mit der BIM durch Wien«. Das BIM-Buch von Beppo Beyerl und Thomas Hofmann. Ein BIM-Wien-Begleiter, mit dem man Wien kennen lernen kann. Soll. Muss. So manchen interessanten Ort, so manches Fremden verborgen bleibendes Beisl. Mit Beppo Beyerls Buch kann man sogar fremde Menschen kennen lernen. Man muss nur das Buch dabei haben. Das Buch ist ein Muss. Für jede und jeden.

Auch Meidlung hat eine BIM. Alle Orte sollten BIM-Anschlüsse haben. Ums Eck, klingeling und BIM: Da ist schon die Haltestelle, kommt schon die BIM daher. Auch meine Wohnadresse hat eine BIM-Haltestelle in der Nähe. Ich liebe das Straßenbahnfahren.

Die Frage nach der Straßenbahn-Haltestelle war die erste Über-legung bei meiner Wohnungssuche.

Gibt es Einkaufsmöglichkeiten in der Nähe, die zweite.

In welcher Strasse liegt die Wohnung, welche Gebäude ste-hen gegenüber, die dritte Frage. Und für mich als Wien-Bregenz-Hin-und-Her-und-Hin-Reisende stellte sich zudem die Frage nach der Bahnhofsnähe.

Wenn Sie die vorigen Kapitel gelesen haben, wissen Sie, liebe Le-serinnen und Leser, wo sich das angebliche Zentralmeidling be-findet. Vielleicht gehört der Meidlinger Markt zu Zentralmeid-ling, dachte ich, als ich den Markt entdeckte. Doch dem ist nicht so. Die Herren vom Team »marshall!!yeti« haben den zentralsten Punkt punktgenau vermessen. Sie konnten bei der Ausmessung des Zentralmeidlings ja noch nicht wissen, dass die Baufirma

Rustler in der Bendlgasse ein Kunsthaus entstehen lässt. Zumindest sind alle Wohnungen nach Künstlern benannt und ein KünstlerInnen-Duo hat die Fassadengestaltung des Wohnhauses vorgenommen: Blumenähnliche Girlandenornamente bewegen sich um den Neubau. Die Firma Rustler, das sollte hier noch erwähnt werden, ist ein Familienunternehmen: Bereits im 18. Jahrhundert arbeiteten die Vorfahren der Familie Rustler in der Mariahilfer Straße 196, an dem sich auch heute das Unternehmen der Rustler Gruppe befindet. Damals bewirtschafteten sie das Gasthaus »Zum Goldenen Mondschein«.

Mit der BIM durch Wien

Eine Frau, Frieda Rustler, gründete 1935 an diesem Ort eine Hausverwaltung und verwaltete 50 Liegenschaften. Heute kann man von einem kleinen Imperium sprechen: Denn es konnte damals niemand wissen, dass das Unternehmen 2020 mehr als 700 Mitarbeiterinnen und Mitarbeiter in Österreich beschäftigten wird. Genauso wenig konnten die Herrn »marshall! yeti« wissen, dass in diesem neu gebauten Kunsthaus in der Bendlgasse die diesen Text verfassende Autorin residieren wird. Residieren, ja, so fühlt es sich im Dachgeschoss an. Denn alles über 50 Quadratmeter kann man als »Residieren« bezeichnen. Residieren aber auch, weil die Residenz sich fast in Sichtweite zur BIM befindet. Und zwar gleich ums Eck, das heißt, um zwei Ecken. Direkt neben dem Wilhelmsdorfer Park befindet sich die Haltestelle der 62er und jene der Badener Bahn. In dem im Jahr 1909 errichteten Wilhelmsdorfer Park *»sichten wir imposante Bäume: Zedern, Blutbuchen und Ginkos. Dazu einen mehrstämmigen Eisenholzbaum (Parrotia persica), der durch die frühe Blüte im März sowie die prächtige Herbstfärbung besticht«,* so Beppo Beyerl im BIM-Buch.

Trotzdem ist für viele Meidling-BewohnerInnen der Meidlinger Markt das Zentrum. Ihr Zentrum. Das ist aber eine rein gefühlsmässige, menschliche Angelegenheit, die mit der harten Realität der Zentralpunktverrechnung des Teams »marshall!!yeti« in konträrem Widerspruch steht.

Technisch, also rein rechnerisch, kann der Meidlinger Markt höchstens dann zum zentralen Punkt erklärt werden, wenn man Zentralmeidling als eine Art Dreigestirn sieht, Bendlgasse – Fockygasse – Meidlinger Markt, und somit bei Vermessung auf einen neuen zentralen Punkt kommt. Durch diese Neumessung könnte der Meidlinger Markt in den offiziellen Zentralitäts-Blickpunkt gerückt werden. Ein spitzer Zentralwinkel sozusagen. Es ist, wie in vielen anderen Dingen, eine Frage des Blicks. Des Blickpunktes. Des Ausschnittblickpunktes. Die Frage, aus welchem Blickpunkt die BetrachterInnen ihren Blick auf die Sache werfen, worauf somit das Gewicht gelegt wird. Zentralitätsgewichtung.

Eine Verschiebung Zentralmeidlings würde ganz nebenbei auch zur Entlastung der geografisch sicherlich richtig berechneten Zentralmeidlinger Achse führen: Die Frage meines Freundes Beppo beim Besuch der Stätte des Zentralmeidlingers (Sie erinnern sich: stark frequentierte Autotrassen und hässliche Bürgebäude), »So, und jetzt frage ich mich: Wie kann der Zentralmeidlinger daselbst sein Leben fristen«, würde sich somit erübrigen und würde dem Zentralmeidlinger die Peinlichkeit ersparen, ständig sein Zentralmeidlingerdasein verteidigen zu müssen.

Jedenfalls darf das »Zentral« nicht so genau genommen werden. Und so fährt, besser gesagt, ruckelt die 62er-BIM auf ihrer Fahrt von der Oper (hier wird im BIM-Buch erwähnt, dass sich gegenüber der Endstation das Sirk-Eck befand und Karl Kraus' in »Die letzten Tage der Menschheit« zahlreiche Szenen dort angesiedelt hat) gemütlich vorbei unter der 18 m großen Eule der Universitätsbibliothek der Technischen Universität, vorbei an der Paulanerkirche mit dem »Irene-Harand-Platz«, welcher an die Widerstandskämpferin erinnert, taucht ab unter die Erde und kommt beim Haydnpark wieder ans Sonnenlicht, in welchem eine Donahl-Birke steht.

Weiter und weiter geht's, die Vision, das Leben und die Fahrt mit der BIM, vorbei am Wilhelmsdorfer Park, dahinter die Bendlgasse (hier könnte ich nun aussteigen und nach Hause gehen), ein paar Straßen hinter den Häuserecken liegt der einladende Meidlinger *Zentral*markt mit den hübschen Standerln und Markthäuschen und dem entzückenden »Ignaz & Rosalia«, vorbei am Bahnhof Meidling, in Windeseile durch das schon genannte hässliche Zentralmeidling, vorbei am Barockschloss der Modeschule Hetzendorf, vorbei am VinziDorf, der VHS Hietzing mit den fünf künstlerischen Literatur-WCs bis zur Endhaltestelle Wolkersbergenstraße. Von dort dauert's nur ein paar Minuten bis zur Werksbundsiedlung.

Nach Baden nicht nur zum Baden – Die Badner Bahn

Nicht weit entfernt von meiner neuen Wohnung fährt die Badner Bahn. Kurz entschlossen setze ich mich in einen Wagen – und was glauben Sie, wohin ich fahre? Nach Baden. Seit über 130 Jahren verbindet die Regionalbahn die Stadtzentren von Wien und Baden, Heurigen- und Cafehauskultur, Sommerfrische und Cityflair und ist eine der wichtigsten PendlerInnen-Verbindungen im 7,5-Minuten-Takt im Süden Wiens: 40.000 Fahrgäste pro Tag nutzen die Badner Bahn für ihren Weg zur Arbeit, in die Schule, für eine Shoppingtour oder Kultur und Freizeit.

Am 1. April 2018 fuhr die Badnerbahn bereits in der Flurschützstraße

Den ersten Besuch Badens, das mehrmals zu den schönsten Städten Österreichs gewählt wurde, verdanke ich meinem Kollegen Peter Bosch, der sich wie ich nicht nur für Literatur, sondern auch für Kunst, in diesem Falle Fotografie interessiert. Er war es, der mich auf eine Ausstellung in Baden aufmerksam machte und mich zu dieser Fahrt nach Baden animierte. Zwischen Juni und Oktober verwandeln sich durch die Magie von Bilderzählungen der besten FotografInnen der Welt Badens Hauswände, Gärten, Gässchen und Plätze in eine einzigartigen Freiluftgalerie. Ein Streifzug durch die zauberhafte »Bilder-Garten-Welt« zeigt an die 30 Openair-Galerien mit mehr als 1.500 Bildern. Bei der größten Fotoausstellung Europas in der Badener Innenstadt und seinen berühmten Gärten finden wir auf fast 7 km Länge Kunstwerke und Bildgeschichten auf bis zu 280 m² großen Leinwänden! Es ist ein unbeschreibbares Erlebnis, durch die Stadt zu wandern und an jedem Eck, beim nächsten Durchgang, im angrenzenden Park und sogar im Bachbett des Mühlbaches neben dem Arnulf Rainer Museum (das sogenannte Frauenbad) Kunst anzutreffen. Innerlich ziehe ich meinen Hut vor dem Initiator dieser Fotoausstellung. So viel Organisationsarbeit, so viele Hürdenläufe und sicherlich viele Amtsschimmelwege, die Lois Lammerhuber mit seiner Frau Silvia und einem breiten Unterstützerinnenteam für dieses Openair-Pojekt auf sich nehmen muss.

Es gibt Hinweise, dass Baden erstmals 5 000 v. Chr. besiedelt wurde. Das Frauenbad erhielt den Namen von seiner Quelle, die unter den Stufen des Hochaltars der um 1260 erbauten gotischen Kirche »Zur seligen Jungfrau« entsprang und den Behälter des Bades füllte, welches an der Nordseite der Kirche angebaut war, daher der Name »Frauenquelle« bzw. »Frauenbad«. Die Schwefelquellen dieses Bades haben vermutlich, wie auch in Meidling, schon die Römer genutzt. Im Jahr 1357 wird die »Frauenquelle« urkundlich erwähnt. Das »Frauenbad« war im Jahr 1531 ein Geschenk von Kaiser Ferdinand I, der dieses der Stadt als eine Art Entschädigung für die Verwüstung, welche die Türken im Jahr 1529 in Baden angerichtet hatten, übergab. 1613 setzte Kaiser Matthias für das Frauenbad ein eigenes Badgericht ein, hatte sich doch in der Badeanstalt der Missbrauch eingeschlichen, dass sich der Adel das ausschließliche Vorrecht zueignete, hier allein oder nur mit solchen, die unter die Landrechte gehörten, zu baden. Aus diesem Grund veranlasste der damalige Kaiser eine aus 22 Gesetzen bestehende Badeordnung.

Kaiser Leopold I. verfügte aber bald darauf wieder, im Jahr 1697, dass dieses Bad allein dem Adel vorbehalten bleiben soll. So schnell kann es gehen, dass Regierende dem Volk Besitz und Rechte streitig machen.

Nach Zerstörung durch Brände und allerlei andere Mängel wurde 1878 das Frauenbad erneuert und fertiggestellt. Die Haupthalle mit Oberlicht ist von einer Stuckdecke bekrönt. Die großen Bassins in den Baderäumen sind in Marmor ausgeführt, ebenso die Wandverkleidungen. Seit 1950 finden ca. alle sieben bis zehn Jahre Restaurierungen statt. Hinter der breit gelagerten Hauptfront mit leicht vortretendem neunachsigen Portikus erstreckt sich zwischen Eckpfeilern eine von acht monumentalen toskanischen Säulen und geradem klassischen Gebälk gebildete Kolonnade. Die geraden Bekrönungen der Fenster in den einachsigen Flanken sind konsolgestützt, ebenso die Fensteröffnungen der Seitenfassaden. Die strenge Hinterfassade ist charakterisiert durch einen übergiebelten Mittelrisalit und eine dreibogige Arkade.

Nach Einstellung des Badebetriebs im Jahr 1973 ist das Frauenbad seit 2009 als Arnulf-Rainer-Museum geöffnet. Das Gebäude steht unter Denkmalschutz

Baden war die Sommerresidenz von Kaiser Franz II/I (1796–1835). Dieser Umstand zog neben dem Adel auch viele berühmte Künstler und Komponisten wie Mozart, Beethoven, Schnitzler, Bertha von Suttner, Kornhäusel, Otto Wagner, Millöcker, Kálmán, Zweig, Reinhardt und viele andere an, die Baden prägten.

Baden selbst zählt zu den »Great Spas of Europe«, zu denen zehn weitere europäische Kurstädte gehören, die im Februar 2019 offiziell zum UNESCO-Weltkulturerbe nominiert wurden. Natur, Schönheit, Kunst und Wohlergehen sind die Matrix, auf der das Fotofestival seinen Erfolg und die breite Akzeptanz bei allen Bevölkerungsgruppen gründet. Diese Voraussetzungen passen im allerbesten Sinn auch zu Baden mit seinen 26 000 Einwohnern – kaum mehr als im Jahr 1910.

Die Endstation der Badener Bahn befindet sich direkt vor dem Frauenbad. Nach einem reich gefüllten informativen Tag zuckle ich wieder in mein Meidling und mache mir so meine Gedanken. Vielleicht müsste sich auch Meidling seiner Schwefelquellen erinnern und diese Qualität des Badens und Erholens im Bereich der Thermenlinie neu aufleben lassen?

Wenn ich mir etwas wünschen dürfte, dann wünschte ich mir, dass die blaue altmodische Bahn nie aus der Mode kommt und bestehen bleibt. Die kleinen Tischchen (vor allem bei den Zweiersitzen) sind entzückend und vielleicht findet sich ja jemand, der den Kaffeehausbetrieb in der Badner Bahn wieder aufnimmt? Auf der Lokalbahnstrecke Wien–Baden verkehrten nämlich von 1927 bis 1938 Schnellzüge mit einem Buffetwagen, der vom Café Pöchhacker betrieben wurde. Im Salzburger Volksblatt vom 20. Mai 1927 wurde über das Kaffeeangebot im Buffetwagen der Badner Bahn berichtet und es wurde als so umfassend wie in einem echten Wiener Kaffeehaus beworben.

Ich würde mich ja schon mit zwei oder drei Sorten begnügen.

»Einen Kleinen Braunen, bitte«

4. Kapitel

No Mahlzeit!
Einkehr- und sonstige Genüsse

Kaffeehausgenüsse

Ein guter Kaffee ist sozusagen der Starter. Aufwachen, guten Morgen liebe Sonne, Fenster auf, mit der Nase in den neuen Tag schnuppern, Nasentemperaturmessung, Badezimmerzeit, überschaubare fünfzehn bis zwanzig Minuten, kurz an den Laptop. Und mit der Vorfreude auf ein frisches Semmerl ins nahe gelegene Cafe um die Ecke. Oder halt um ein paar Ecken. Mein Cafe-Focus richtet sich auf richtige Kaffeehäuser. Also keine Beisl, keine Konzernketten mit Stehtisch-oder Plastikstuhl-Pappbecher-Kaffee-Trinkmöglichkeit.

Es gibt sie: Ja, es gibt sie, die Wiener Kaffeehäuser. Da meine ich nicht das »Central« in der Innenstadt. Es genügt mir, die lange Warteschlange vor dem Cafe-Restaurant zu sehen. Es liegt mir fern, mit dreißig TouristInnen in der Reihe zu stehen und zu warten, bis mir vom Kellner irgendwo ein Platz zugewiesen wird. So dick gedruckt kann die Werbung im Touristenführer gar nicht sein, dass mich das zum Warten inspirieren könnte. Vorbeigehen, durchs Fenster sehen, Lokalität gesehen. Nein, da ist mir das »Westend« schon lieber, das »Ritter« (in der Ottakringer Straße genauso wie jenes in der Mariahilferstraße) oder das »Schopenhauer«, das »Prückel«, das »Cafe Korb«, das »Museum« oder das »Hummel«. Mit jedem dieser Cafes verbindet mich eine Geschichte.

Das traditionelle Wiener Kaffeehaus ist durch eine spezielle Atmosphäre geprägt. Kleine Marmortischchen, verschiedene Zeitungen auf dem Zeitungstisch, Sitznischen, Details der Innenausstattung im Stil des Historismus, manchmal ein Klavier oder Piano, und eine Glasvitrine mit Wiener Torten-, Kuchen- und Apfelstrudelspezialitäten (serviert mit Schlagrahm oder Vanillesoße). Die Kaffeehäuser sind ein Ort, an dem bekanntlicherweise Zeit und Raum konsumiert werden, aber nur der Kaffee auf der Rechnung steht.

Die Geschichte des Wiener Kaffeehauses ist eng mit der Türkenbelagerung verbunden. Angeblich wurde das erste Wiener Kaffeehaus von einem armenischen Spion gegründet, der vom Wiener Hof mit der Zubereitung von Kaffee betraut war. Das Kramersche Kaffeehaus am Graben war 1720 das erste, das auch Zeitungen auflegte. Der Besuch eines Kaffeehauses war zunächst nur Männern vorbehalten, erst 1856 erhielten endlich auch Frauen Zutritt. Das Kaffeehaus wurde zu einem Treffpunkt von Dichtern und Dichterinnen, Künstlerinnen und Künstlern, auch für die Wissenschaft und die Politik spielte es eine wesentliche Rolle. 1956 entstand aus einem Zusammenschluss traditioneller und innovativer Kaffeehäuser Wiens der Klub der Wiener Kaffeehausbesitzer. Im Zuge der Bewerbung um Aufnahme des Wiener Kaffeehauses in das Nationale Verzeichnis des Immateriellen Kulturerbes ersuchte 2011 der Klubobmann, Kommerzialrat Maximilan Platzer, den Institutsdirektor für Quantenoptik und Quanteninformation und Professor of Physics Univ.-Prof. Dr. DDr.h.c. Anton Zeilinger um eine Stellungnahme. Sofort bestätigte der Herr Professor of Physics die historische Bedeutung des Wiener Kaffeehauses seitens der Österreichischen Akademie der Wissenschaften. »Es ist keine Frage«, so Zeilinger, »dass das Wiener Kaffeehaus dem Wiener, der Wienerin ein Gefühl von Identität und Kontinuität liefert und ein besonderer Ort menschlicher Kreativität ist.«... Wow.... kann man da nur ehrfürchtig flüstern.

Also nach einem Cafe dieser Art hielt ich bei meinem Rundgang auf der Meidlinger Hauptstraße Ausschau.

1. Cafe Schwarz

Wenn man so die Meidlinger Hauptstraße hinuntergeht – also da, wo früher der Achter gefahren ist –, findet man linkerhand tatsächlich einige Einkehrmöglichkeiten. Keines aber entspricht hundertprozentig meinen Vorstellungen von einem Wiener Kaffeehaus. Dann aber erblicke ich »es«: ... »Es« ist zwar auch nicht das »echte Wiener Kaffeehaus«, aber immerhin ein gemütliches Cafe: Das »Schwarz«.

Hier fühlt frau sich willkommen

Im Eingangsbereich rechts der einladende Glastresen mit Torten- und Kuchenstücken, also verlockenden Cremetorten, Schokokuchen, süße Würfel zum Naschen, rückwärts eine einladende Sitzecke mit Tisch und Stühlen aus Holz, Spieglein, Spieglein an der Wand. Eine Wohlfühlnische. »Natürlich bringe ich Ihnen den Kaffee an den Tisch!« Wir fühlen uns sofort willkommen, die Bedienung mittleren Alters plaudert ein wenig, sie würde vielleicht sogar ein wenig länger bei uns stehen bleiben, wenn nicht die nächste Kundschaft soeben eingetreten wäre und ein paar frische Semmerl kaufen will. So nebenbei entdecke ich ein paar Besonderheiten: In Staniolsackerln abgepackte ca. 10 cm lange, 2 cm breite hauchdünne Knusperbrotstreifen mit Paprika oder Kümmel bestreut. Wunderbar. Es ist einfach etwas anderes, stelle ich für mich fest: In einem richtigen Cafe findet man immer Besonderheiten, die man in Großkettenfilialen nicht bekommt.

Ich bin zufrieden. Das Bäckerei-Café »Schwarz« in der Meidlinger Hauptstraße 66 bekommt fünf Sterne.

2. Waffel Station

Im Cafe Caramel war ich bei meiner ersten Meidling-Erkundung im Sommer vor zwei Jahren. Genauer: Ich saß vor dem Caramel im Gastgarten, also auf jenem Platz auf der Meidlinger Hauptstraße, der vom Cafe mitbewirtschaftet wird. »Das Cafe wird umgebaut, modernisiert«, sagte die junge Besitzerin.

Lockstoff: Frische, warme Waffeln

Das Coronajahr, der Lockdown im Jahr 2020 hat dem Vorhaben, den oben erwähnten Cafe-Caramel-Besuch, einen dicken Coronastrich durch die Rechnungsfreude gemacht. Die geplante Neueröffnung mit neuem Angebot, nämlich warme Waffeln mit verschiedenen Geschmacksrichtungen, zögerte sich hinaus – zöger, zöger. Zögerliche Öffnungstendenzen, die CafehausbesitzerInnen trauten der Situation nicht. Als die Lokale und Cafes endlich wieder öffnen dürfen, hole ich mir beim Caramel eine Waffel: frisch gebacken, also noch warm, mit Schokosoße. Ein Genuss! Aber Achtung: Mit der Neueröffnung gibt's auch einen neuen Namen: Das »Caramel« heißt jetzt »Waffel Station«, in schwarz-weiß sachlich und schlicht gehalten, die Kreideschrift auf Schultafel-Untergrund wirkt spielerisch. »Nein«, höre ich vor dem Cafe eine junge Frau. »Jetzt gehen wir nach Hause.« In der Auslage gibt's neben Waffeln riesengroße Lutscher – wie früher sind die Kinderaugen auf sie gerichtet. »Nein!«, sagt die junge Mutter: »Zuerst bekommst du jetzt etwas Gesundes zu Essen.« Sie sagt es freundlich, aber bestimmt und ich erwarte einen Schreianfall des Kindes. Zumindest ein Gejammer und den Versuch, die Mutter umzustimmen. Das Kind aber geht ohne weiteren Protest mit der Mutter weiter. Alle Achtung.

Angeboten wird neben den herrlichen Waffel-Frucht- und Süßspeisen seit kurzem auch ein Frühstückssortiment. Adresse: Meidlinger Hauptstraße 40. Fünf Waffel-Sterne.

3. Das Ignaz & Rosalia

Das »Ignaz & Rosalia« auf dem Meidlinger Markt 37 ist ein besonderes Cafe. Hier darf man um die Hüften herum etwas fülliger werden, sagt Mark Ruiz Hellin, der Besitzer. No klar, natürlich! Der Name der im selben Markthäuschen untergebrachten und zum Cafe dazugehörenden Konditorei – man geht einfach ums Eck (oder innen im Café am Tresen vorbei) und schon steht man in dem kleinen Geschäft – ist Programm: »Hüftgold«. Mehr muss dazu gar nicht gesagt werden, ein Hinweis mit der Kuchengabel sozusagen. Spätestens, wenn man die Kuchen erspäht hat, kostet ... ist um eine und einen geschehen ... sind die guten Vorsätze unter den Tisch gepurzelt ... spätestens dann beschließt Frau, sich den Genüssen des Lebens hinzugeben und sich mit neuen Kilos einfach anzufreunden.

Das Marktcafe »Ignaz & Rosalia« selbst ist freundlich-gemütlich eingerichtet, verschiedene Holzstühle mit Sitz- und Rückenkissen in warmen Farbtönen, Marmor- und schlichte Holztischchen, an orangefarbenen Wänden eine russische Hängung kleiner Bilder in schwarzen und Goldrahmen, Fotografien historischer Marktszenen, durch die Glasfensterfront entsteht eine Verbindung vom Innen zum Außen. Beim gemütlichen Frühstückskaffee (es gibt hier übrigens besondere Sorten) kann man die Marktszenen der Gegenwart live miterleben, den Einkaufenden beim Flanieren zusehen. An der Längsseite reihen sich draußen die kleinen Tische mit den typischen Gartenwirtshausstühlen, eine entzückend gestaltete Speisekarte mit Bildern alter Ansichtskarten und Texten. Die Speisekarte per se ist Poesie.

Lieblingsplätzchen

Und das »Ignaz & Rosalia« ist genau das: Ein Literatur-Musik-Kulturgasthaus am Meidlinger Markt. Mit seiner Lesungsreihe bietet es »Meidlinger Kulturstanitzel«, die Robert Foltyn ins Leben gerufen hat und als Don Roberto moderiert. Da ich selbst schon hier gelesen habe, kenne ich die Situation aus erster Hand: Die Bedienung, junge Frau und junger Mann, sind freundlich und beziehungszugewandt, von Don Roberto fühlt man sich als Schriftstellerin gut betreut. Das ist nicht an allen Leseorten so. Fünf goldene Hüftsterne an Mark fürs »Ignaz & Rosalia« und das »Hüftgold«.

Wirtshäuser

1. Die Ästhetik des Achterls
(als Ergänzung zur Würdigung des bimmelnden Achters)

Für alles gibt es eine Ästhetik. Bislang, und hier werden noch nicht alle Ästhetiken aufgezeigt, gibt es die Ästhetik des Essens, die Ästhetik der Philosophie, die Ästhetik des Bösen, die Ästhetik des Erscheinens, die Ästhetik der Entschleunigung, die Ästhetik der Existenz, die Ästhetik des Hässlichen, die rosa Ästhetik der Implantattherapie, die Ästhetik der Interpassivität, die Japanische Ästhetik, die Ästhetik der Lebendigkeit, die Ästhetik der Plattenbauten, die Ästhetik des Unbehagens, die Ästhetik des Verschwindens, die Ästhetik des Widerstands, die Ästhetik des Drastischen, und viele Zwischenformästhetiken.

Beim Weintrinken werde ich verleitet, mich mit der Ästhetik der Form und mit der Ästhetik des Verschlusses zu beschäftigen. Schon allein die Frage: Korken oder Schraubverschluss? lässt die Geister sich scheiden.

Als der Korken vom Schraubverschluss abgelöst wurde, wurde von den Traditionalisten, die auf das vielgeliebte »Plopp« beim Öffnen der Flasche nicht verzichten wollten, eine paar kleine Lügeleien weiterverbreitet: Guter Wein benötige unter allen Umständen einen Korken, manifestierten sie, damit der Wein bei der Lagerung atmen könne, der echte Naturkorken, hergestellt aus der Rinde der Korkeichen, passe sich in den Flaschenhals ein, sei geschmacksneutral und lange haltbar.

Dabei wissen Kenner, dass die lange Haltbarkeit des Weines nicht mit dem Korken zusammenhängt, sondern mit der Herstellung an sich, dass der Wein auf keinen Fall atmen will, also gar nicht mit Sauerstoff in Verbindung kommen will, und sich ein Schraubverschluss natürlich genauso an den Flaschenhals anpassen muss, sonst würde der Wein ja ausrinnen. Und, was als Wichtigstes scheint, dass die Schuld eben am Korken liegt, wenn der köstlichste, teuerste Wein ungenießbar ist, nämlich dann, wenn er »einen Korken hat«.

Denjenigen, die noch nie einen Wein »mit Korken« getrunken haben, möchte ich diesen Genuss in einer Ästhetik des Selbstversuchs wärmstens empfehlen. Eine Erfahrung, die Sie machen sollten.

Bei Michael Gössl kann man kein Achterl mehr trinken

Der Schraubverschluss, werden Sie sodann feststellen, hat den Vorteil, dass das Problem des stinkenden Korkens und des verdorbenen Weines gar nicht auftreten kann, es also garantiert ist, dass die letzte Flasche, die Sie den Gästen servieren, trinkbar ist. Zudem besitzt der Schraubverschluss den Vorteil, dass die angefangene Weinflasche wieder gut verschließbar ist – sollte die Flasche am Abend nicht leer getrunken werden.

Da aber besonders auch Wein und Weintrinken mit Emotionen verbunden sind und das »Plopp« irgendetwas wie Romantik evoziert, Erinnerungen an einen erotischen Abend, die breiten/schmalen Schultern eines sanft- oder wildküssenden Mannes/Frau, oder die Besiegelung eines geheimen Abkommens zwischen Konzernmanagern und Politikern manifestiert, wird edler

Rotwein teils noch immer auf traditionelle Weise mit einem Korken verschlossen.

Ist die Flasche geöffnet, ist es nur eine Frage der Zeit, welche über der Frage der Menge steht. Das mit dem Achterl ist so eine Sache. Wieviele Achterl oder Fluchtachterl. Für mich gibt es da kein Dazwischen. Ein Fluchtachterl. Mehr nicht. Also kein Wutachterl, kein Entschuldigungsachterl, kein Scheidungsachterl. Ein Fluchtachterl. Die Achterl vor dem Fluchtachterl, also die Achterl zwischen dem ersten Achterl und dem Fluchtachterl sind neutrale Genussachterl und zahlenmässig nicht wirklich zu überblicken, denn durch das ständige ein-bisschen-Nachschenken und doch-nicht-so-viel-im-Glas-haben wiegt man sich im Gefühl des eh-nicht-so-viel-Trinkens.

Es gibt fast keine Woche, kein Wochenende, an dem keine Gäste kommen oder ich als Gast eingeladen bin. Was gibt es auch Schöneres, als für Menschen, die man mag, zu kochen, mit ihnen zu essen, zusammen zu sitzen, die Welt zu verbessern und darauf ein gutes Gläschen zu trinken? Die Betonung beim »guten Gläschen« liegt auf dem »gut«.

Das war bei mir nicht immer so. Früher war es der süße Wein, süßlich bis süß, den ich gerne trank und meist am nächsten Morgen schwer bereute. Nach jahrzehntelanger Schulung hat sich mein Geschmack umgestellt, ich liebe schweren, trockenen Rotwein (trocken ist der Wein allerdings nie) in viel geringeren Mengen.

Apropos Weingenuss: Manche trinken Wein aus Gläsern mit dickem Stiel und dickwandigem Glas, bei welchem man beim Trinken fast das Gefühl hat, man trinke aus einem dickwandigen Keramikkaffeehäferl – echter, wahrer Weingenuss ist hier zum Scheitern verurteilt. Der Vorteil dieser Gläser liegt hier auf bzw. in der Hand: Sollten aus irgendeinem Grund im Laufe des Gelages die Bewegungskoordinaten ein wenig ins Wanken kommen, überstehen diese Gläser, auch Sicherheitsgläser der Stufe 3 genannt, kleinere und gröbere Zusammenstöße.

Trinkanweisung für den echten, wahren Weingenuss: Der Wein muss beim Trinken, wenn er über den Glasrand in den Mund rinnt, nicht rinnen, sondern eingesaugt werden, so hat es mir mein Freund Wolfgang B. vorgeführt. Der Wein muss also über die hauchzarte Kante des geschliffenen zartwandigen Glases in den Mundraum gezogen, geschlürft werden, wobei die leicht gerollte Zunge eine gewisse Barriere bildet, sodass ein gurgelndes, leicht röchelndes Geräusch entsteht. Lassen Sie sich nicht abschrecken, wenn ihr Trinknachbar Töne von sich gibt, die sein baldiges Absterben prophezeien. Er befindet sich gerade im höchsten Stadium des Genussverkostens. Besser gesagt, im Endstadium des ›Verkostungsorgasmus‹. Denn sobald der Wein den Gaumen und das Gaumenzäpfchen passiert hat und im Schlunde verschwunden ist, besteht der Genuss im Schwelgen über den Abgang, den Charakter und die Note – nicht zu verwechseln mit Musiknoten, auch wenn in höchsten Tönen über die Symphonien im Glas und den vollkommenen Charakter des edlen Tropfens geflötet wird.

Das Wissen, dass Wein einen Charakter hat, wird übrigens jedem österreichischen Kind in die Wiege gelegt. Jemand, der davon keine Ahnung hat, brandmarkt sich selbst als Nichtwisser und wird sofort als Nichtösterreicher, Zuagraster, Fremder und Ausländer identifiziert: Nichtfamilie. WeinkennerInnen haben, um als solche erkannt zu werden, eine eigene Sprache erfunden: Man spricht nicht nur von Charakter, man spricht von Bukett, Blume, Nase, Abgang, Widerstand.

Der Charakter eines Weines kann jugendlich, also frisch und spritzig sein, aber noch sind wir nicht so weit: Zuerst ist da die Blume. Die Nase. Nein, zuerst genießt man mit den Augen.

Die Augen also: Schwenken Sie das Glas. Das Aussehen eines Weines meint seine Farbe und Klarheit. Wenn man von einem Wein sagt, er habe ein gutes Aussehen, so heißt dies im allgemeinen, dass er glanzhell und von nach Rebsorte und Herkunft typischer Farbe sei. Ein sich innen im Glas entwickelnder Film ist kein Beweis von Waschmittelrückständen, sondern zeigt die Qualität: durchsichtige Schlieren, die im Innenglas ihre Spuren ziehen.

Spricht man von der »Blume«, hat dies nichts zu tun mit der Blauen Blume. In der Romantik ist die blaue Blume ein Zeichen der Sehnsucht, eines der berühmtesten Zeichen der deutschen Literatur überhaupt. Und seit der viktorianischen Zeit gelten Blumen als Symbole des Zartgefühls und der Leidenschaft. Mit Blume ist in der Weinfachsprache das Bukett bzw. der Duft, der Geruch bzw. das Aroma eines Weines gemeint. Man bezeichnet dieses auch als Nase. Das Bukett (früher Bouquet) ist das Resultat aus der Vinifikation eines Weines und dem darauffolgenden Entwicklungsprozeß im Fass und der Flaschen-Reifung. Das Wort Blume nimmt keine Wertung des Weines vor. So spricht man auch beim Bukett eines sehr verschlossenen, mineralischen oder extrem würzigen Weines von Blume. Das Blumige kann aber auch an frische Früchte erinnern, an Beerenobst. WeinkennerInnen benötigen einen ausgeprägten Geruchssinn, um die Blume zu erschnuppern. Kein Wunder, dass somit auch von der »Nase« des Weins gesprochen wird. Eine blumige Nase, sagt dann jemand und man versucht, an den Umstehenden die Blumen an der Nase zu erkennen. Es gibt frühreife Weine, die alsbald getrunken werden sollten. Als beschwingt wird ein Wein beschrieben, wenn er eine heitere Note aufweist und eine gewisse Lebensfreude suggeriert. Bei vielen WeinliebhaberInnen stellt sich diese Lebensfreude nach einigen Gläschen von selbst ein.

Weine können schwach entwickelt sein, aber eine grosse Zukunft vor sich haben, geschmeidig nennt man einen Wein, der keine Ecken und Kanten zeigt. Die erdige Art meint eine rustikale Prägung des Weines durch den Boden. Es gibt elegante Weine und – wie beim Menschen – Weine ohne Rückgrat.

Natürlich darf man ein Glas nie am Kelch, sondern darf es immer nur am Stiel angreifen. Abgesehen, dass sich die Körperwärme auf die Temperatur des Weines auswirkt, hinterlassen die Finger hässliche Abdrücke auf der zarten Glaswand, je dicker die Finger desto unappetitlichere, die im Laufe des Abends zu abstossenden Mustern anwachsen. Wie Sie sicherlich schon bemerkt haben, finden Sie in mir wie bei meinem Freund Beppo eine Liebhaberin von Riedel-Gläsern.

Den Weinhumpen, von dem Beppo spricht, hatten auch wir früher zu Hause, als ich noch Kind war. Um nicht der Gefahr ausgesetzt zu sein, zwischen Sonntagsgläsern und Wochentagsgläsern entscheiden zu müssen, habe ich alle von meiner Mutter geerbten Werktagsgläser, alle geschliffenen Kristallgläser aus Polen und die mit kleinen Blümchen und blauroten Liebespärchen bemalten Häferlgläser der Oma zum Flohmarkt gebracht. Nur die fein ziselierten Weingläser mit dem breiten Goldrand stehen noch im Küchenschrank. An Sonntagen trinken wir dann und wann der Mama oder der Oma zu Ehren aus den Goldrandgläsern und zelebrieren die Ästhetik des Achterls.

2. Zu den seligen Affen
Adresse: Dörfelstraße 3a

Einst südlich des Meidlinger Bahnhofes, eröffnet 1954, vielen bekannt als das Weinhaus Pitzl. Hans Pitzl – er wohnte im ersten Stock über dem Weinhaus – hatte es 1974 von seinen Eltern übernommen. Es entsprach – und es entspricht noch immer – dem Altwiener Beisl mit angemessenem Interieur: Die Schank (bitte nicht stehenbleiben, kann man auch im Sitzen bewundern) mit der Vitrine, errichtet von der eingessenen Meidlinger Firma Riebl. Die stämmigen Holztische mit den Resopalplatten. An der Wand die Lamperie. An der Lamperie die Kleiderhaken. Davor eine komplette Sitzbank. Neben der Schank an der Wand der Fahrplan der Südbahn vom Jahre Schnee. An der Decke die aus Röhrenkombinationen bestehenden Beleuchtungskörper. Im Fensterglas die Weintrauben&Weinblättermotive.

Dann passierte etwas Trauriges: Mit einem Male sahen die Stammkunden einen Zettel im Fenster, auf dem mit Handschrift zu lesen war:

»Auf Grund meiner plötzlichen schweren Erkrankung war es mir leider nicht möglich, mich gebührend von meinen Gästen zu verabschieden. Danke, Euer Hans Pitzl«.

Preisliste aus dem Jahr 2010

Am 1. April 2010 – kein Aprilscherz – musste Herr Pitzl samt Wirtshaushund Cindy für immer die Pforten des Weinhauses schließen. Nachfolger gab es schon, aber nicht für Herrn Pitzl. Denn die potentiellen Käufer wollten das Lokal total renovieren und umbauen, so die Seele des Lokales zerstören. Bis Roman Pfandler auftauchte und versprach, das Wirtshaus im Sinne Herrn Pitzls weiterzuführen. So gibt es ab 2018 das »Weinhaus Pfandler«. Mit dem spezifischen Wirtshausnamen »Zu den seligen Affen«.

Beide Affen sieht man oberhalb der Schank, aber wie schon erwähnt, nicht stehen bleiben. Wenn man sich niedersetzt, kann man die beiden Affen auch auf den Bierdeckeln sichten. Und geblieben ist das Interieur. Mit dem Fahrplan der Südbahn, mit der alten Tafel mit der Aufschrift: »Sperrstunde 22 h«, mit dem Parkett und den Resopaltischen. Und mit der Küche, die in der Regel aus kalten Speisen besteht.

Leider ist uns nicht geblieben Herr Hans Pitzl. Der ist am 4. Juli 2021 gestorben.

Dafür können wir bei Roman Pfandler, einem gebürtigen Waldviertler, ein »Schremser« und eine Blunzen bestellen. Und, Herr Pfandler: Wir wollen noch viele Jahre den Fahrplan der Südbahn vom Jahre Schnee erkunden.

3. Gasthaus und Weinhaus: Das Palatin
Adresse: Kreuzung Ecke Ignazgasse – Reschgasse

Ein Weinhaus, aber auch ein Gasthaus – das ist das Palatin. An diesem »waschechten« Wiener Gasthaus wären wir vielleicht vorübergegangen, wenn nicht vor der Türe zwei Tafeln mit dem Speisenangebot auf sich aufmerksam gemacht hätten: Auf der rechten Tafel steht »Grillteller garn. Pommes« und »Cevapcici oder Pljeskavice garn. mit Pommes«, beide gehören zu unseren Lieblingsspeisen, die linke Tafel bietet »Gebackenes Hirn mit Saucze Tatar« an. Eine Kindheitserinnerung wird wach: Mutters Lieblingsspeise »Hirn mit Ei« und einige Jahre später das Verbot dieses Gerichtes wegen des berüchtigten Rinderwahns BSE.

Gebackenes Hirn oder Leber mit Beilage?

BSE (Bovine spongiforme Enzephalopathie) ist eine tödliche Erkrankung des Gehirns, vor allem bei Hausrindern, und wird durch »atypisch gefaltete Proteine« (bitte selbst nachlesen) verursacht. Die Veränderung von Gehirnsubstanz führt zur Degeneration des Hirngewebes, bei fortschreitender Erkrankung nimmt das befallene Gehirn eine schwammartig durchlöcherte Struktur mit fadenförmigen, proteinhaltigen Ablagerungen an. Die Übertragung erfolgt über den Verzehr infizierter tierischer Produkte, die Variante der tödlich verlaufenden Creutzfeldt-Jakob-Krankheit beim Menschen wird vermutlich ebenfalls durch den Verzehr von BSE-verseuchtem Rindfleisch hervorgerufen. Das stärkste Auftreten von BSE wurde mit weltweit über 37.000 Fällen im Jahr 1992 festgestellt; überwiegend in Großbritannien. Während in Großbritannien starke Bemühungen angestellt wurden, um die Krankheit zu bekämpfen, haben Politik und Wirtschaftskreise argumentativ das Risiko für ein Auftreten in Deutschland stark heruntergespielt und die amtierende Fleischhygiene-Tierärztin Margrit Herbst, welche mit ihren Befunden vor der gefährlichen Erkrankung warnte, fristlos entlassen. 2001 wurde das Urteil in vollem Umfang aufgehoben und die Tierärztin für ihre Zivilcourage mit dem Whistleblower-Preis ausgezeichnet. In 17 Ländern wurden Importverbote für britische Rinderprodukte ausgesprochen.

BSE jagte uns damals allen einen großen Schrecken ein. Jahrzehntelang ward »Hirn« im Wirtshaus nicht mehr auf den Speisekarten gesehen, zu Hause tröstete Mutter sich und uns mit der Ersatzspeise »Falsches Hirn«. Es folgten im Verlauf der Jahre noch weitere Seuchen wie Vogelgrippe und Schweinegrippe mit Vorsichtsmaßnahmen und Verboten. Glücklicherweise sind Seuchen, die mit dem Verzehr von Fleisch in Zusammenhang gebracht werden, bei uns derzeit in den Hintergrund gerückt – die Coronavirus-Pandemie sorgt eh für genug Unannehmlichkeiten.

Eine Karte gibt es nicht. »Was mögen Sie gerne? Essen Sie gerne Fleisch?« Für vegetarisch gibt es Eiernockerl. »Gebackenes Hirn mit Saucze Tatar« steht auf der Tafel, natürlich müssen wir das im Gasthaus essen. Und gebackenen Karfiol. Im hinteren Raum sind alle Tische besetzt, so bleiben wir heraußen bei der Holzschank, die aussieht wie aus früheren Zeiten. Aus dem Lautsprecher tönt Radio Wien mit alten Schlagern. Das Wirtshaus gibt's schon über 120 Jahre, erzählt Violeta Dinev, die Wirtin. Vorher war ein Italiener »drauf«, der fast über Nacht nach Italien ausgewandert ist. Seit dreißig Jahren bewirtschaftet sie mit ihrem Mann nun schon das Gasthaus, das auch ein Weinhaus ist. Ihr Mann steht in der Küche und ist für das Essen der vielen Gäste verantwortlich. »Wir sind zuständig für die älteren Leute hier. Das sind alles Leute von da, von hier aus der Nachbarschaft«, sagt sie. »Die alten Wiener und Wienerinnen aus der Umgebung kommen gerne zu uns. Jeden Tag. Das Palatin ist so etwas wie die Zentrale hier.«

Wir möchten gern etwas mehr über das Palatin erfahren, aber sie winkt ab: »Das steht eh alles im Bezirksmuseum, da gibt's Unterlagen«, sagt die Frau Wirtin. »Dort gabs eine große Ausstellung über die Gasthäuser von Meidling.« Dann verlässt sie das Lokal und kommt nach fünf Minuten wieder. Auf dem Arm trägt sie einen großen Karfiolkopf. Den hat sie extra für uns frisch vom Meidlinger Markt geholt, der gleich über der Straße zu finden ist.

Die Leute im hinteren Raum scheinen sich alle zu kennen. Über die Tische wird zu den anderen gesprochen, ein paar Worte, ein bisschen Spaß gemacht, jemand grüßt sogar freundlich heraus, obwohl wir uns nicht kennen. »Der Herbert ist heute nicht da, er musste zur Untersuchung heut' in der Früh«, höre ich und jemand fragt, ob es wohl nichts Ernstes ist.

Vielleicht gibt es hier Regeln, wer wo sitzt und vielleicht sitzen wir am Stammtisch? Egal. Das Hirn und der Karfiol schmecken vorzüglich, Radio Wien dudelt immer noch und wir vergeben fünf Mittagsmenü-Wirtshaussterne an Violeta und ihr Team.

4. Das Assmayer

Adresse: Klährgasse 3

Die jüngste Kreation ist das »Bärbl-Bier«. Und das wiederum ist die cervesiologische Antwort auf die Phase des Lock-down. Wolfgang Piber begann in der räumlichen Abgeschiedenheit, sich um die Herstellung des bekömmlichen Gerstensaftes zu kümmern. Und jetzt gibt's das Bärbl-Bräu, dazu zählen die Sorten František und Navratil. Auf die Biertype Pšistraček wurde gnadenhalber verzichtet. Grund: beim Aussprechen würde der Besteller zu viele der Aerosole verspucken. Für Biertrinker, die ihren bisherigen Gewohnheiten folgen wollen, also für Gewohnheitstrinker, gibt's weiterhin das Schnaitl und das Kozel.

Die Rede ist vom Assmayer an der Ecke Aßmayergasse und Klährgasse. Um 1880 war an besagtem Eck bereits ein Wirtshaus nachweisbar, bekannt ist auch der Name der Wirtin: Sie hieß Frau Karoline Wiltsch. Weitere Namen, die heute noch manch ältere Stammgäste verwenden, verweisen auf spätere Wirte. Manche erinnern sich an den Pfefferwirt, andere an den Lederhosenwirt. Damit ist Lois Weinberger gemeint, der gemeinsam mit Ehefrau von den 60ern des letztes Jahrhunderts bis zum Jahr 2010 als Wirt agierte, das Lokal hieß damals auch »Weidinger«. Und der Weidinger trug eben stets seine Lederhose.

Nach der Pensionierung der Weidingers hatte der Miteigentümer des Hauses, Dalibor Machanec, die glorreiche Idee: Wir führen das Gatshaus selber weiter. Mit tschechisch-wienerischer Küche. Mit von der Partie waren Sohn Thomas Machanec und Barbara Petretto. Letztere ist als diplomierte Historikerin eine Quereinsteigerin und zudem Taufpatin des neuen Namens »Assmayer«. Wenn sie Zeit hat, kann man mit ihr über die Bedeutungen des Dialektausdruckes »Oida« debattieren: Die Bedeutung variiert je nach der Betonung von »Oida!« Wenn ihre Zeit bedrängt ist, dann kann man bei ihr immer noch die köstliche »svičkova« bestellen. Und wenn sie gar nicht da ist, kann der wissensdurstige Gast über die Schreibweise sinnieren: Warum heißt das Wirtshaus Assmayer, und wieso heißt die Verkehrsfläche Aßmayergasse?

Dass ich nicht vergesse: In den wärmeren Monaten können sich die hungrigen oder durstigen BesucherInnen im mit Kastanien bestückten Gastgarten niederlassen. Das ist ein Geheimtipp: Denn den Gastgarten sieht man von außen nicht!

Frau Bärbl mit einem Bärbl-Bräu

Zusätzliche Bemerkungen: Die Lamperie (sie leuchtet nicht, sondern bezeichnet die Holzvertäfelung) aus Zirbenholz stammt aus der Zwischenkriegszeit und vermittelt gediegenes Altwiener Ambiente; im neuen »Ofenzimmer« finden am letzten Freitag im Monat Veranstaltungen statt; und irgendwo steht eine Bauchnabelpflanze, die sogar den Lock-down überlebt hat.

Fünf Bärbl-Bier-Sterne fürs Assmayer!

5. Das Giersterbräu
Adresse: Gierstergasse 10

Nach längerer Suche und Vergleichen hatte ich mich für eine Wohnung in Meidling entschieden. Das heißt., um es etwas zu konkretisieren: Die Wohnung meiner Wahl befindet sich einige Gehminuten vom Meidlinger Markt entfernt, ebensowenig Gehminuten sind es zur U6, zur 62er-Bim oder zur Badener Bahn. Also zentral gelegen in Zentralmeidling, in der Nähe meines zentralmeidlinger Schriftstellerfreundes. In zwei Jahren würde die Wohnung beziehbar sein. Zwei Jahre hatte ich also Zeit, Meidling im Umkreis von meiner Wohngegend zu erkunden, noch bevor ich hier wohnen würde.

So schlenderte ich an einem frühen Sommerabend durch die Gegend, beim Giersterbräu vorbei. Eigentlich sah ich zuerst den Gastgarten und den hübschen überdachten Gartenbereich, eine Art Loggia – ein lauschiges Plätzchen an einem heißen Sommertag, und trank ein kühles Bier. Später, im November, besuchte ich das Giersterbräu erneut. Mir gegenüber entdeckte ich auf der gegenüberliegenden Wand mehrere alte Plakate, welche Musikveranstaltungen ankündigten. Und eine Tafel mit historischen Fakten zum ehemaligen Besitzer. »Sind Sie zum ersten Mal hier?« fragte mich Denis Djordjevic, der wahrscheinlich »den Laden schupft«, und als er bemerkte, dass ich mich für die Geschichte des Bräuhauses interessiere, überreichte er mir die Speisekarte mit der kleinen Geschichte zum Giersterbräu und seinem ehemaligen Besitzer. Dieser, so steht es in den Unterlagen, war Josef Leopold Gierster (um 1800 wahrscheinlich in Baden bei Wien geboren, gestorben am 27. Dezember 1863 in Gaudenzdorf), ein österreichischer Brauhausbesitzer und erster Bürgermeister von Gaudenzdorf:

Josef Gierster eröffnete um 1836 im damaligen Wiener Vorort Gaudenzdorf ein Bräuhaus, dem auch eine Gastwirtschaft und ein terrassenförmig angelegter großer Gastgarten angeschlossen war. Der Betrieb befand sich auf einem Areal, das heute zwischen der Hofbauergasse, der Anton-Scharff-Gasse, der Schönbrunner Straße und der Arndtgasse zu suchen ist, knapp außerhalb der Hundsturmer Linie. Innerhalb des Linienwalls, der Wien und die Vorstädte umgab, wurde von der Stadt ab 1829 eine Verzehrungssteuer eingehoben, die die Konsumation von Essen und Trinken teurer machte als außerhalb dieser Grenze. Da das neue Bräuhaus mit seiner Gastwirtschaft noch vor dem Linienwall lag und daher die verzehrten Waren nicht durch die Verzehrungssteuer verteuert wurden, erfreute es sich sehr bald großer Beliebtheit, da sich auch einfachere Menschen hier sehr gut unterhalten und zu günstigen Preisen essen und trinken konnten.

Der Gierster ist tot, das Giersterbräu lebt

Gierster wurde alsbald zur beliebten und einflussreichen Persönlichkeit der noch jungen Gemeinde, für deren Prosperität er sich entscheidend engagierte. Während der Revolution 1848 wurde er Hauptmann der neu gegründeten Nationalgarde. Als 1850 die Gemeinde ihre Vertreter selbst wählen durfte, wurde Gierster zum ersten Bürgermeister von Gaudenzdorf gewählt. Er blieb in dieser Funktion bis 1861. 1854 bereits gab es in seinem Gasthaus das erste Gaslicht, eine damals noch neue Technologie, für deren Einführung er eine Vorreiterrolle spielte. 1855, in seiner Amtszeit, wurde das Gaudenzdorfer Gaswerk gegründet

Gierster war auch sozial aktiv und spendete die Einrichtung eines Choleraspitals im Ort. Vor der Gründung einer örtlichen Freiwilligen Feuerwehr hatte er in seinem Bräuhaus eine eigene Werkfeuerwehr eingerichtet, die auch der ganzen Gemeinde zur Verfügung stand.

»Josef Leopold Gierster liegt auf dem Meidlinger Friedhof begraben. Für sein bedeutendes Wirken zur Entwicklung der Gemeinde Gaudenzdorf und auch für die Geschichte des 12. Wiener Gemeindebezirkes Meidling, dem Gaudenzdorf 1890 angeschlossen wurde, wurde 1984 die vormalige Krongasse in Meidling ihm zu Ehren in Gierstergasse umbenannt«, lese ich in den Unterlagen zum Giersterbräu.

»Hat es Ihnen bei uns gefallen?« fragt Denis Djordjevic und begleitet mich zur Türe. »Werden Sie wiederkommen?« Es gibt viele Gründe, »Ja« zu sagen: Das Essen im Giersterbräu schmeckt hervorragend, meine Pizza war so groß, dass sie den Teller ein Stück überragte, es gibt verschiedene Biere, der Gründer und ehemalige Gasthausbesitzer wird nicht vergessen und der junge Geschäftsführer mit seinem Team vermittelt den Gästen das Gefühl, willkommen zu sein. Und dort, wo man willkommen ist, lässt man sich gerne nieder, oder?
Fünf Sterne für das Giersterbräu!

Meidlinger Markt

Als Neumeidlingerin ist es für mich eine Pflicht, den Markt zu erkunden. Nicht den freien Markt, nein, auf den verzichte ich, sondern den Meidlinger Markt. Er befindet sich zwischen Niederhofstraße, Rosaliagasse, Reschgasse und Ignazgasse und wurde mit Beschluss der Gemeindevertretung von Untermeidling am 15. Mai 1873 eingerichtet.

Lange Zeit gehörte er zu den kleinsten, schlecht versorgten und primitiv ausgestatteten Wiener Märkten und galt jahrzehntelang als trostlos und unattraktiv. Bezirksvertretung und Zeitungen kritisierten diese schlechten Marktverhältnisse immer wieder, aber erst zwischen 1926 und 1929 kam es durch den Aufbau passender Verkaufsstände, durch die Einleitung von Strom und Wasser und den Bau eines Marktamtsgebäudes mit entsprechenden Einrichtungen wie Brückenwaage und zwei Auslaufbrunnen zur grundlegenden Verbesserung.

Die Gemeinde Wien stellte dafür einen günstigen, überwiegend zinsenfreien Kredit zur Verfügung. Durch schwere Schäden im Zweiten Weltkrieg wurde der Markt stark in Mitleidenschaft gezogen, bis 1948 wurden Reparaturen durchgeführt. 1985 konnte der Markt im Zuge des Projektes Stadterneuerungsgebiet Wilhelmsdorf umgestaltet werden. Der Bauernmarkt entwickelte sich zu einer Art Fußgängerzone. Das optische Bild wurde verbessert, leerstehende Stände neu belebt. Nach Jahren der Aufbauarbeit und einer Revitalisierungscampagne anlässlich des 130jährigen Bestehens des Marktes 2003 sowie der Erneuerung in den letzten Jahren kann gesagt werden: Der Meidlinger Markt ist hipp und hupp und ein Juwel unter den Wiener Märkten. Der Markt ist bekannt für die ausgezeichnete Qualität von Obst und Gemüse, für das Angebot von Frischfleisch, es gibt Spanferkel, Lamm und auch ein Pferdefleischer bietet seine Produkte an. Fisch und vegane Produkte sind im Sortiment und freitags und samstags gibt es in der Reschgasse den Bauernmarkt mit Produkten aus Wien und Umgebung.

Neue kleine Geschäftslokale begeistern die BesucherInnen mit ihren ausgefallenen Ideen, die Atmosphäre auf dem mit 50 Ständen kleinen Straßenmarkt ist überwiegend wienerisch-traditionell, dazwischen finden sich auch Stände, die sich internationalen Spezialitäten verschrieben haben. Es gibt mehrere Feinkostläden, wie etwa das von Betreiberin Anna Putz geführte »Anna am Markt«, das gleichzeitig ein Café ist. Zudem werden österreichische und französische Delikatessen aus biologischer Produktion angeboten. Das in der Marktbar servierte Bier kommt von der Wiener 100-Blumen-Brauerei in Liesing, die Weine von österreichischen Winzern, wobei wir unbedingt erwähnen möchten, dass zwei Weingüter von Frauen geführt werden. Der Kaffee aus El Salvador wird in Korneuburg von der Tochter der Kaffeebäuerin fertig geröstet und freut sich über die höchste Fair-Trade-Auszeichnung »Growers Roast«.

So viele Kinder auf dem Meidlinger Markt?

Neben dem reizvollen Lebensmittelangebot sind die Lokale reger Treffpunkt: Beisl oder Würstlbude (am unteren Ende an der Niederhofstraße) und Haubenlokal stehen sozusagen Tür an Tür. Als erster Wiener Marktstand wurde die »Wirtschaft am Markt« 2019 von Gault Millau mit einer Haube ausgezeichnet. Nicht, dass jetzt jeder Marktstand eine »Haube« bekommen muss, aber die Köstlichkeiten können auch als Catering für Zuhause bestellt werden. Die »Wirtschaft am Markt« erfreut sich wie das »Ignaz und Rosalie«, welches wir unter der Rubrik »Kaffeehäuser« genauer vorgestellt haben, großer Beliebtheit: Hier ist es ideal, drinnen oder draußen, um gemeinsam zu sitzen, zu plaudern, zu essen und zu trinken, Menschen aus der näheren und ferneren Nachbarschaft zu treffen und mit ihnen die Stunden zu verbringen.

Der Autor kauft bei Frau Anna, rechts daneben der bekannte Fleischer Nuran

An der Niederhofstraße schließlich stehen noch zwei oder drei Flohmarktstände. Der kleine Krimskrams, der dort verkauft wird, kommt wohl aus aller Welt. Schon 13 Jahre, seit der Pensionierung, hat sie nun diesen Flohmarktstand, erzählt die Flohmarktstandbetreiberin: »Ein bisschen dazuverdienen zur kleinen Pension ... 50 Euro oder 80 im Monat. Für das Enkelkind, das studieren gehen möchte.«

Und wenn Sie einen Vierbeiner besitzen, den Sie besonder lieben: Bei Mopsfidel gibt es individuelle Mode Accessories für kleine Hunde in liebevoller Handarbeit. Und Damenhüte, damit auch das Frauchen nicht zu kurz kommt. Ja, der Meidlinger Markt ist etwas sui generis. Er ist eben hipp und hupp.

5. Kapitel

Hawed'ehre!
Persönlichkeiten und Leut

Persönlichkeiten und Leut

1. Josefine Haas, Edle von Längenfeld-Pfalzheim

Eine Frau, die bereits vor fast 200 Jahren Weitsicht bewiesen hat, müssen wir Ihnen unbedingt vorstellen: Josefine Haas, Edle von Längenfeld-Pfalzheim, geboren am 25. März 1783 in Burglengenfeld, Bayern, gestorben am 29. November 1846 in Wien.

Josefine Haas ist in mehrerlei Hinsicht eine Pionierin. Drei wichtige Fähigkeiten waren ihr eigen: Ihr eigenständiges Auftreten, ihr wirtschaftliches Geschick, ihre soziale Ader und mit allem verbunden das Wissen, dass nur finanzieller Background den Frauen eine gewisse Unabhängigkeit sichert.

Nach dem Tod ihrer Eltern war Josefine 1795 Vollwaise und gezwungen, in einer Stadt in ihrer Umgebung eine Anstellung zu finden.

Josefine Haas mit ihrer Tochter Louise

Der Diplomat und Malteserritter Franz Graf von Lerchenfeld-Köfering nahm sie als Dienstmädchen auf und ließ ihr auch eine gute Erziehung zuteil werden. Als Graf Lerchenfeld als bayrischer Botschafter an den Kaiserhof nach Wien gerufen wurde, nahm er Josefine Haas mit nach Wien und ging mit ihr eine Ehe ein. Da eine normale Ehe wegen des Standesunterschiedes nicht möglich war, erfolgte eine Ehe »linker Hand«, d. h., dass die Braut durch die Ehe keinerlei Rechte auf Stellung, Titel oder Vermögen des Grafen erwarb. Das Ehepaar Josefine Haas und Franz Graf von Lerchenfeld bekam eine gemeinsame Tochter, welche sie Louise tauften.

Franz Graf von Lerchenfeld erhielt als Malteserritter eine jährliche Pension von 4000 Gulden, welche er seiner Frau Josefine überließ. Sie war in Geldangelegenheiten sehr geschickt und legte das Kapital in österreichischen Wertpapieren an. Bei den Spekulationsgeschäften konnte sie den richtigen Moment des Steigens und Fallens dermaßen erfolgreich nützen, dass sie im Laufe der Zeit ein großes Vermögen erwerben konnte.

1841 starb Tochter Louise und Josefine Haas und Graf Lerchenfeld zogen in der Folge nach Gaudenzdorf, wo sie im Haus Nr. 136, heute Bruno Pittermannplatz, U-Bahn-Aufgang Storchensteg, eine Wohnung bezogen. 1844 schuf sie die erste ihrer drei Heirats-Stiftungen. Arme, heiratsfähige Mädchen aus der Umgebung ihrer Heimatstadt sollten ein Brautgeschenk von 800 Gulden erhalten. Damit erhielten die jungen Frauen neben einem Startkapital ein Stück Unabhängigkeit. Als Anerkennung ihrer großzügigen Stiftung wurde sie von König Ludwig I. von Bayern in den Adelsstand erhoben und ihr ein eigenes Wappen verliehen. Ihr Adelsname war von nun an Josepha Haas von Längenfeld-Pfalzheim. 85 Jahre später, 1929, wird Viginia Woolf in ihrem feministischen Roman »A Room Of One's Own« (Ein Zimmer für sich allein) ebenfalls für die Unabhängigkeit der Frauen plädieren. Dieses Buch wurde zu einem Schlüsseltext der Frauenbewegung.

Graf Lerchenfeld starb 82jährig am 25. Februar 1846 in ihrer gemeinsamen Wohnung in Gaudenzdorf.

Einige Monate später, am 21. November 1846, gründete Josefa Haas Edle von Längenfeld-Pfalzheim zwei weitere Heirats-

Stiftungen; eine kleinere für arme Mädchen aus der Oberpfalz, die junge Männer aus Oberösterreich heiraten sollten, und eine zweite für Mädchen aus Ober- und Niederösterreich sowie eine Stiftung zur Errichtung einer, wie es damals hieß, Kinderbewahranstalt in Gaudenzdorf bei Wien, wo sie wohnte.

Am 29. November 1846 starb Josefine Haas Edle von Längenfeld-Pfalzheim, etwas mehr als ein halbes Jahr nach dem Tod ihres Ehemannes. Sie hinterließ ein Vermögen von 810.000 Gulden in Obligationen, das hauptsächlich für wohltätige Zwecke Verwendung finden sollte. Dass die österreichischen Stiftungen von Josefine Haas nach dem Ersten Weltkrieg zu Ende gingen und nicht mehr existieren, ist sehr bedauerlich. Vielleicht findet sich jemand, der die Weitsicht und Tragweite des Handelns erkennt und Josefine Haas' Stiftungsidee wieder aktivieren will?

In ihrer Geburtsstadt Burglengenfeld jedenfalls wurde die Stiftung erhalten und die Brautgeschenke trotz zweier Inflationen seit 1961 alljährlich wieder ausbezahlt. Junge, ledige Frauen werden von der Stadtgemeinde eingeladen, sich um die Brautgeschenke-Aussteuer zu bewerben. Derzeit werden, nach einer behutsamen Modernisierung der Stiftungsbedingungen, jährlich Brautgeschenke in Höhe von je 800 EUR vergeben.

1845 wurde übrigens im Bürgermeisteramt ihres Geburtsortes eine Gedenktafel für die Wohltäterin errichtet, ebenso ist eine Straße nach ihr benannt.

In Wien-Meidling wurde 1894 die Längenfeldgasse nach Josefine Haas, Edle von Längenfeld-Pfalzheim benannt und 1905 beim Kindergarten Haebergasse in Gaudenzdorf eine Gedenktafel zu ihren Ehren angebracht. Im Bezirksmuseum Meidling erinnert in der Eingangshalle eine Bildtafel an die Namensgeberin der Längenfeldgasse, Freifrau Josefine Haas von Laengenfeld-Pfalzheim, Begründerin mehrerer Heiratsstiftungen.

Josefine Haas Edle von Längenfeld-Pfalzheim ist wie ihr Mann auf dem Meidlinger Friedhof begraben. Dort empfängt sie ihre BesucherInnen.

2. Leopoldine Glöckel

Eine weitere »Meidlingerin« darf nicht ungenannt bleiben: Leopoldine Glöckel.

Sie wurde am 12. November 1871 Wien geboren und starb am 22. Mai 1937 in Wien. Sie war Lehrerin, Vortragende und überaus engagierte Kommunalpolitikerin.

Den Geburtsvorteil, den Leopoldine Glöckel für sich beanspruchen kann, ist, dass sie die Tochter des Direktors der Telephonund Telegraphenverwaltung war und wir annehmen können, dass sie finanziell abgesichert war. Im Unterschied zu Josephine Haas, die mit zwölf Jahren schon selbst für ihren Unterhalt sorgen musste, wuchs Leopoldine nach dem frühen Tod ihrer Mutter bei den wohlhabenden Großeltern auf. Nach dem Besuch der obligatorischen achtklassigen Volksschule erhielt sie Privatunterricht, absolvierte die Lehrerinnenbildungsanstalt und arbeitete als Handarbeits- und Berufsschullehrerin in Wien.

Leopoldine Glöckel

Leopoldine Glöckel war politisch sehr aktiv, engagierte sich schon früh als Frauenrechtlerin, anfangs in der bürgerlichen Frauenbewegung, mehr und mehr aber vertrat sie eher sozialdemokratische Positionen, wofür sie als »bürgerliche Lehrerin« angefeindet wurde. Als Karl Lueger Otto Glöckel, den sie 1897 geheiratet hatte, aufgrund seiner politischen Tätigkeit aus dem Schuldienst entließ, wurde auch sie strafversetzt.

Mehr und mehr wandte sich Leopoldine Glöckel der Sozialdemokratischen Arbeiterpartei zu und wurde Mitglied des Frauenzentralkomitees der Partei. Ab 1901 trat sie als Vortragende im sozialdemokratischen Lese- und Diskutierklub »Libertas« auf und hielt Vorträge zu Schule und Bildung. Sie galt als ausgezeichnete Rednerin und zählte zu den führenden Persönlichkeiten des Stimmrechtskomitees, die sich für die rechtliche Gleichstellung der Frauen einsetzte. Begeistert unterstützte sie die Schulreform ihres Ehemannes und veröffentlichte darüber Fachartikel in der Arbeiterinnen-Zeitung sowie in der sozialdemokratischen Zeitschrift »Die Frau«. Sie war Gründungsmitglied des Vereins »Freie Schule«, gehörte in Meidling dem Bezirksvorstand an, war Vorsitzende der Bezirksfrauenorganisation und Mitglied im Bezirksfürsorgeverein. Sie fungierte als Vizepräsidentin des privaten Fürsorgeverbands »Societas« und als Obfrau des Schulausschusses in der von ihr gegründeten Fortbildungsschule für Hausgehilfinnen. Außerdem zählte sie zu den Gründungsmitgliedern des Bezirksmuseums Meidling.

Leopoldine Glöckel war eine der ersten weiblichen Gemeinderatsmitglieder. Sie kandidierte ab 1919 für die Sozialdemokratische Arbeiterpartei. Von 1919 bis 1934 saß sie als Vertreterin ihres Bezirkes im Wiener Gemeinderat und war Abgeordnete des Wiener Landtages. Im Mai 1927 wurde sie im neu konstituierten Klub der Sozialdemokraten im Wiener Gemeinderat Stellvertreterin des Klubobmanns.

Nach der Auflösung des Gemeinderats und dem Verbot der Sozialdemokratischen Arbeiterpartei im Februar 1934 wurde Leopoldine Glöckel in der Folge der Februarereignisse vom 12. Februar bis 30. März 1934 inhaftiert.

Die Inhaftierung war für Leopoldine Glöckel kein Grund, sich einschüchtern zu lassen. Nach der Haftentlassung engagierte sie sich im Untergrund weiterhin für die Partei; die Fortbildungsschule für Hausgehilfinnen war während dieser Zeit ein Zentrum der illegalen Organisation.

Leopoldine Glöckel starb am 22. Mai 1937 in Wien, sowohl die Einäscherung, bei der Karl Seitz eine Trauerrede hielt, als auch die Beisetzung der Urne auf dem Meidlinger Friedhof fanden unter reger Teilnahme der Öffentlichkeit statt. Ihre Bedeutung liegt vor allem in ihrem Engagement für die Frauenbewegung in Österreich. 1949 wurde ihr daher seitens des 12. Bezirks die Ehre erwiesen: Man benannte die städtische Wohnhausanlage Leopoldine-Glöckel-Hof nach ihr. 2006 wurde auch der Leopoldine-Glöckel-Weg (bei der Altmannsdorfer Straße) nach der Politikerin benannt.

3. Der Türkenpeter

Damals, vor über dreißig Jahren, besuchte ich voller Neugierde die soeben eröffnete Imbissstube in der Steinbauergasse. Sie hieß »Imbiß Schwarzmeer«, damals mit scharfem Ess. Hinter der Budel hantierte ein schwarzhaariger schnurrbärtiger Mann etwa in meinem Alter, vor der Budel waren drei oder vier Tische aneinandergereiht, hinten führte eine unbeschilderte Tür zum Klosett. Ich bestellte, wie es damals üblich war, einen Döner Kebap. Kostete er 25 Schillinge? Oder am Ende nur 20? Ich weiß es nicht mehr. »Willst du ne Soße rein?« fragte mich der Krausgelockte hinter der Budel in astreinem Bundesdeutsch. »Ach nee!«, gab ich sicher nicht zur Antwort, vielleicht schüttelte ich stumm den Kopf oder verneinte mit einem eindrucksvollen »Naa«. Während der Schwarzmeerstübler die Kebap-Fladen hinunterschabte, fragte ich ihn nach seiner Herkunft. »Aus Hamburch!« – Aha, am Ende liegt Hamburg am Schwarzen Meer. – »Ich hab dort auf der Werft gearbeitet!«

Ich hatte an dem Tisch mit Blick auf die Steinbauergasse Platz genommen. Der Hamburger servierte den Döber Kebap ohne Sauce. Ja, er sei schon mit jungen Jahren aus der Türkei nach Hamburg in die Werft übersiedelt, und weil dort ein junger Kollege gestorben sei, habe ihn dessen Vater sozusagen als Kind übernommen, und vom Sohn habe er auch den Namen übernommen, und da der Sohn Peter hieß, sei er ab jetzt zum Türkenpeter geworden.

Von da an besuchte ich regelmäßig den Türkenpeter. Beim dritten Besuch machte ich Schwarz-weiß-Fotos, ich verwendete damals eine Canon EOS 100. Der Türkenpeter posierte neckisch mit einer großen Teekanne in der einen Hand und mit einem kleinen türkischen Kaffeeglas, das ich sicher nicht als Heferl bezeichnen möchte, in der anderen Hand. Eines der Fotos hing jahrelang an der hinteren linken Ecke. Daneben waren drei viel weichere Scharzweißbilder plaziert, die den Türkenpeter beim Servieren zeigten. Sie stammten von einer Wienerin, die oft beim Türkenpeter am hinteren Tische saß.

Im nächsten Sommer standen auf einmal drei Tische in einem jenseits des Gehsteiges improvisierten Schanigarten, und als meine Frau und ich uns an einen der Tische setzten und über den Gehsteig zwei Biere bestellten, servierte eilfertig ein etwa 15-jähriger Bub die beiden Gösser. »Türkenpeter, hast Du schon Buben als Angestellte?« – »Achwo Mensch, dat is mein Sohn!« Der durfte nämlich während der türkischen Schulferien seinen Vater in Wien besuchen, ehe er Ende August wieder in sein türkisches Dorf – oder war es eine türkische Stadt, ich habe mir den Namen nicht gemerkt, zurückkehrte.

In den ersten Jahren hatte der Schwarzmeerstübler auch ein paar Speisen in seiner Vitrine, die in Schüsseln auf heißen Platten vor sich hinköchelten: Gulasch, Faschiertes, Moussaka, so habe ich mit die Schwarzmeerküche immer schon vorgestellt. In einer Seitenvitrine bot der Türkenpeter die unvermeidlichen Baklavas an.

So vergingen die Jahre, und mit den Jahren … nein, wir vergingen nicht. Beim Vorbeigehen – wir wohnten sozusagen die zwei berühmten Ecken weiter –, nahm ich manchmal einen Döner Kebap mit Zwiebel und ohne Sauce mit, das wusste der Türkenpeter natürlich, und meine Frau holte einen Döner Kebap ohne Sauce und ohne Zwiebel ab, und auch das musste sie dem Türkenpeter nicht extra zuflüstern. Im Sommer gab es bald keinen Sohn mehr, der Bierflaschen in den Schanigarten brachte, meist saß der Türkenpeter selber an einem der Tische an der Steinbauerstraße, tratschte mit seinen Stammgästen und nippte an seinem Gösser. Und dann verschwanden die Speisen auf den Wärmeplatten, die auch nicht mehr gewärmt wurden, und die leeren Vitrinen hinterließen einen traurigen Eindruck. Die Gäste, nein, nicht nur die Fotografin am hintersten Tisch, sondern oft die Männer der MA 48, also die Müllsammler, konnten wählen zwischen einem Kebap und einer Kebap-Box.

Im Laufe der Jahre wollten meine Frau und ich keine Kebaps mehr essen, weil uns die Kebap-Stand-Dichte in der Stadt zu groß wurde und wir uns still und heimlich nach einer Leberkässemmel sehnten. Kamen wir jedoch beim »Imbiß Schwarzmeer« auf unserem Weg zum Gürtel vorbei, dann tratschten wir mit dem Türkenpeter: Über die Weihnachtsbeleuchtung, die irgendwann einmal in der Steinbauerstraße eingestellt wurde, weil sich die Geschäftsleute nicht mehr einigen konnten; über die Einführung des Parkpickerls und über seinen Schanigarten, der im Sommer zwei Parkplätze vernichtete; über seine Magenkrankheit und die Operation, vor der er sich wahrscheinlich nicht mehr drücken konnte.

Und hinten im Eck hing noch immer das Bild mit dem schwarzgekrausten Türkenpeter, wiewohl seine Haarpracht zwar vorhanden, aber in der Zwischenzeit durch einen signifikanten Grauton bestimmt wurde.

Bis mir vor Kurzem der Türkenpeter erzählte, dass er das »Imbiß Schwarzmeer« verkaufen werde, weil er es nicht mehr schaffe, von neun in der Früh bis um neun am Abend undsoweiterundsofort. Und das jeden Tag, nur am Sonntag war geschlossen. Und zum Schluss mache er eine Feier, vielleicht verwendete er sogar den Ausdruck Bahöö, weil er zwar noch immer bundesdeutsch sprach, aber ab und zu ein paar köstliche wienerische Ausdrücke einmischte. Und zum Bahöö müssen meine Frau und ich unbedingt kommen, da der gesamte Biervorrat geleert werde. Und dann werden wir auch die Telefonnummern austauschen, denn er habe eine Wohnung im 17. Bezirk gekauft und werde nach dem Schließen des Lokals wahrscheinlich nicht mehr so oft in Meidling aufkreuzen.

Die Feier sollte im April stattfinden, in jenem April, der im Zeichen des als Corona bezeichneten Virus stand. Am 16. März schlossen die Lokale, und auf der Tür zum »Imbiß Schwarzmeer« war ein Zettel affichiert: »Lokal bis auf Weiteres geschlossen«.

Den Türkenpeter habe ich seither nie wiedergesehen, er wird wohl irgendwo im 17. Bezirk herumkreuchen. Auch die Fotografin ist nie wieder aufgetaucht. Seit Anfang Mai 2020 ist aus dem Lokal eine Baustelle geworden. Die Budel und die Vitrine sind verschwunden, detto die Türe, der Eingang ist mit Brettern zugenagelt.

In der Zwischenzeit sind viele Monate, ja schon mehr als ein Jahr vergangen. Das Virus ist uns geblieben, die Umbauten hinter der geschlossenen Tür sind nicht mehr weitergeführt worden, neu aufgetaucht sind arabische Schriftzeichen, die eine mir völlig unbekannte Botschaft verkünden. Den »Imbiß Schwarzmeer« müssen wir woanders suchen.

4. Getrude Pressburger

»Gerti, du wäschst das Geschirr ab, Heinzi, du übernimmst das Abtrocknen«, sagt meine Mama. Wir stehen mit ihr in der Küche, ich und mein um drei Jahre jüngerer Bruder. Dann gehen die Eltern, und wir bleiben allein daheim. Mein Bruder will die Aufgaben tauschen, es passt ihm nicht, dass er abtrocknen soll: »Ich will abwaschen.« »Nein«, sage ich, »du planscht da nicht im Wasser herum.« Ich kremple meine Ärmel hoch, hebe den Kessel mit dem heißen Wasser vom Haken über dem offenen Kamin und stelle ihn in die Abwasch aus grauem Beton. Einen Teller nach dem anderen tauche ich ins warme Wasser und schrubbe ihn mit einem Fetzen ab. Sorgfältig staple ich die Teller anschließend neben dem Becken übereinander. »Beeil dich ein bisschen«, sage ich zu meinem Bruder, der immer noch neben mir steht und schaut. »Nur wenn ich mit dem Teller anfangen kann, den du als Erstes abgewaschen hast«, sagt Heinzi. Ich erkläre ihm, dass das nicht geht, weil der erste jetzt ganz unten

liegt und er den obersten zuerst abwischen muss, da zieht er zornig den untersten hervor, worauf die Teller umkippen, hinunterfallen und alle auf einmal am Küchenboden zerbrechen. Schimpf kriege natürlich ich, als die Eltern später heimkommen, schließlich bin ich die Ältere, die vernünftig sein hätte müssen. Da sehe ich meinen Bruder vor mir, wie er auf einmal ganz entsetzt ist über sich selbst und wie leid ihm die Sache tut. Dass ihm das passieren hat können. »Das wollte ich nicht, das wollte ich nicht.« Er weint sowieso sehr schnell, und jetzt rinnen dicke Tränen seine Wangen herunter, als er kommt, um sich bei mir zu entschuldigen: »Sei mir nicht bös, bitte. Ich wollte dir nicht schaden.« So liege ich in meinem Bett und denke an meine Familie, ganz für mich allein, wie ich es immer mache, seit über siebzig Jahren.«

Gertrude Pressburger in »Gelebt, erlebt, überlebt«

Ich stehe vor dem Haus Belghofergasse 34. Dort drinnen hat die kleine Gertrude abgewaschen. Gertrude Pressburger, am 11. Juli 1927 in Wien geboren, lebte ab 1930 mit ihren Eltern Gisela und Ernst sowie ihren beiden Brüdern Heinzi (Heinrich Peter) und Lumpi (Josef Ernst) in der Belghofergasse 34. Es ist ein stattliches Haus, eines dieser villenähnlichen Vorstadthäuser.

Hinten im Hof, der aussieht wie ein Park, hohe Bäume und Sträucher verstärken den Parkeindruck, wäre Gertrude Pressburgers Mutter fast von einer schweren Gusseisenpfanne erschlagen worden. Gertrude Pressburger schreibt in ihrem Buch:
»Heute müssen unsere Nachbarn von damals längst gestorben sein. Auch die, die meine Mutter fast umgebracht hätten. Ich kann mich noch genau erinnern: Meine Mama steht im Innenhof unseres Wohnhauses in der Belghofergasse und hängt die Wäsche auf. Die Hemden vom Papa, die kleinen Söckchen meines Bruders, meine Kleider. Da schleudert aus einem oberen Stockwerk plötzlich jemand eine gusseiserne Pfanne in ihre Richtung. Zufällig löst sich in diesem Moment ein Wäschestück von der Leine. Meine Mutter bewegt sich ein Stück zur Seite, fängt es auf, damit es nicht zu Boden fällt, und befestigt es mit einer Wäscheklammer. Ganz knapp ver-

fehlt die Pfanne ihren Kopf und landet im Gras, nur wenige Zenti-
meter von ihr entfernt. Schneeweiß ist sie im Gesicht, als sie zurück
in die Wohnung kommt und erzählt, was passiert ist. Ein antise-
mitischer Anschlag im Jahr 1937. Ich weiß nicht, wer von unseren
Nachbarn es war und ob meine Eltern es gewusst haben. Ich weiß
nur, dass sie beschließen, dass wir umziehen: »Denn jetzt wird es
lebensgefährlich.«

In diesem Haus in der Belghofergasse wohnte Gertrude Pressburger

Ich stelle mir die Menschen vor. Ich stelle mir die Situation vor.
Gertrudes Mutter unten im Hof. Oben, lauernd, die hasserfüllte
Person. Hinter dem Vorhang. Gertrudes Mutter hängt die Wä-
sche auf. Ein Stück nach dem anderen. Ein Stück fällt zu Boden.
Die Pfanne. Mit voller Wucht. Das Glück reagiert mit Präzision,
in Sekundenbruchteilen. Wäre das Wäschestück nicht zu Boden
gefallen. Hätte sich Gisela Pressburger nicht gebückt. Hätte sie die
Pfanner mit voller Wucht am Kopf getroffen.

Ich stehe vor dem Haus Belghofergasse 34. Hier, in diesem Haus
ist das passiert? Hier hat ein hasserfüllte Mensch versucht, Gertrude Pressburgers Mutter zu töten.
   Wer wohnt heute hier? Warum gibt es keine Erinnerungstafel
an die Familie Pressburger an der Hauswand?

Nach diesem antisemitischen Attentat auf ihre Mutter zieht die Familie in einen Gemeindebau in die Wehlistraße und nach dem »Anschluss« im März 1938 weiter und weiter, sechs Jahre lang. Weiter oben haben wir darüber bereits berichtet: Die Familie Pressburger flüchtet quer durch Jugoslawien, an die französische Grenze und wieder zurück nach Italien. Im März 1944 wird die Familie verhaftet und nach Auschwitz deportiert. Die Mutter, Heinzi und Lumpi werden sofort bei der Ankunft »selektioniert« und in die Gaskammer geschickt, der Vater einige Monate später ermordet.

Gertrude Pressburger, in welcher einer der Nazis eine gute Arbeitskraft vermutete und sie zum Arbeitsdienst einteilte, überlebte Auschwitz. Lesen Sie das Buch, das Gertrude Pressburger geschrieben hat. Sie kehrte nach einem zweijährigen Aufenthalt in Schweden im Mai 1947 nach Wien zurück, aber den Ort ihrer Kindheit meidet sie. Seit siebzig Jahren.

Jahrzehntelang hat sie geschwiegen und nicht über das Damals gesprochen. Aber 2016 konnte sie nicht mehr schweigen: Die Rhetorik im Bundespräsidentschaftswahlkampf 2016, das Verächtlichmachen und Beschimpfen hat sie dermaßen bestürzt, dass sie sich als Frau Gertrude mit einer Videobotschaft zu Wort meldete. »Ich bin nicht zurückgekommen, um dasselbe noch einmal zu erleben«, sagt sie.

Und sie, die schweigen wollte, die alles vergessen wollte, schreibt ein Buch. Die Journalistin Marlene Groihofer überzeugt Gertrude Pressburger davon, dass ihre Erfahrungen nicht verloren gehen dürfen. Dass sie darüber sprechen muss. Dass sie die nachfolgende Generation mit ihren Erinnerungen wachhalten muss. Die autobiografischen Erinnerungen Gertrude Pressburgers »Gelebt, erlebt, überlebt« werden Sie, liebe Leser und Leserinnen, so schnell nicht loslassen.

Mich jedenfalls hat das Buch nicht losgelassen: Diese diffuse hinterhältige Feindschaft des Nachbarn, die Attacke mit der Eisenpfanne. Das jahrelange Flüchten, Weiterreisen, Verstecken.

In die Belghofergasse wird Gertrude Pressburger nie mehr einen Fuss setzen. Wir zitieren aus ihrer Autobiografie: »*Aber ich kann unmöglich bis in unsere Straßen gehen, vor unseren Wohnhäusern stehen und mir denken, ja, da haben wir gelebt, mit Mama und Papa. Ein einziges Mal bin ich mit dem Auto durch die Belghofergasse gefahren. Durch die Scheiben habe ich die Fenster unserer Wohnung gesehen, jener Wohnung, in der wir gelebt haben, bis ich zehn Jahre alt war. Ausgestiegen bin ich nicht. Ich will nicht, dass Erinnerungen auftauchen. Und ich will niemandem begegnen. Unser Familienleben, das war einmal. Schneewittchen geht man nicht suchen.*«

Am Silvestertag 2021 ist Gertrude Pressburger nach schwerer Krankheit von uns gegangen. Liebe Frau Gertrude, wir wollen Ihnen versichern, dass wir am Haus Belghofergasse 34 eine virtuelle Tafel montieren werden.

 »*Hier lebte von 1930 bis 1937 Gertrude Pressburger. Als einzige ihrer Familie überlebte sie die Nazi-Herrschaft!*«

5. Die Donahl

Wie wir aus aus dem Kapitel Parkanlagen wissen, befindet sich auch im Haydnpark eine Donahl-Birke.

 Eine Birke?

 Im Andenken an Johanna Dohnal hat die Künstlerin Isabella Kresse in jedem Wiener Gemeindebezirk eine Birke gepflanzt. Johanna Aloisia Dohnal war »Wasserfrau«, im Februar geboren (1939), aktive Feministin und als Politikerin der SPÖ ab 1990 die erste Frauenministerin Österreichs. Sie galt und gilt als Österreichs bekannteste Frauenpolitikerin und ist eine Ikone der österreichischen Frauenbewegung. Nach Hertha Firnberg war sie eine der großen Lichtgestalten in der österreichischen Politik. Sabine Derflinger hat 2019 mit ihrem filmischen Porträt Johanna Donahl und ihr Wirken gewürdigt. Eine sehenswerte Dokumentation über eine wirkmächtige österreichische Frau – selten haben nach einem Kinobesuch die BesucherInnen derart intensiv über einen Film diskutiert und sich bewundernd über eine Politikerin geäußert. Noch auf dem Gehsteig vor dem Kino wurde lange geplaudert und erzählt.

Johanna Dohnal

Neben der Erinnerung an die erste österreichische Frauenministerin soll das Birken-Projekt auch als Kontrapunkt zur mangelnden Präsenz von Frauennamen in Wiener Straßen- und Ortsbezeichnungen dienen: Die Birken wurden nämlich in 23 nach Männern benannten Parks gesetzt und bilden sozusagen ein Gegengewicht – die Pflanzung der ersten Birke hat 2011 in Meidling stattgefunden.

Warum eine Birke? Sie gilt als widerstandsfähig, sie kann sich auch solitär durchsetzen, sie knickt nicht beim scharfen Gegenwind. Vielleicht finden sich noch mehrere solcher Interventionen, um das Ungleichgewicht, also eine gewisse Schieflage in ein Gleichgewicht zu bringen?

Ich habe Johanna Donahl persönlich kennengelernt. Damals, als ich beim Landesgericht Feldkirch gearbeitet: Als Schriftführerin für Strafsachen. Neben Unfällen, Diebstahl und Einbrüchen wurden auch Missbrauch und Gewalttaten an Frauen und Mädchen verhandelt. Es zeigte sich mir, die ich bis dahin nur an das Gute geglaubt hatte, ein erschreckendes Männerbild. In den Pausen diskutierte ich des Öfteren mit den Kollegen und Kolleginnen Weltverbesserungsvarianten. So kam es, dass ich von der Personalvertretung als Frauenbeauftragte nach Wien entsandt wurde. Johanna Donahl hatte im Frauenministerium einen runden Tisch etabliert und Frauen aus ganz Österreich zur Ideenfindung geladen. Verbesserungen für berufstätige Frauen, für alle Lebensbereiche der Frauen waren gefragt.

Das symbolische Pflanzen der widerstandsfähigen Birke soll ein Zeichen sein für die vielen erreichten Meilensteine in der Frauenpolitik, die wir Johanna Dohnal und ihren Mitstreiterinnen zu verdanken haben, sagte die Künstlerin und meint, dass gerade die widerstandsfähige Himalaya-Birke besonders gut zur politischen Kämpferin Johanna Dohnal passt: Der Baum zähle zu den besonders resistenten Pionierpflanzen.

Doch die Birke war nicht ganz widerstandsfähig und verkümmerte. Sie trieb nicht mehr aus in dem schönen Park neben dem Gürtel, musste entfernt und durch eine zweite ersetzt werden. Diese wurde vom selben Schicksal ereilt, zumal neben ihr mehrere Turngeräte aufgestellt wurden, auf denen die Buben des Parkes ihre Kräfte erproben und ihre Widerstandskraft stabilisieren konnten. Nunmehr steht die dritte oder vielleicht schon die vierte Dohnal-Birke ein bisschen verloren-versetzt hinter einem Bankerl und vor jener mächtigen Linde im Haydn-Park. Wieviele Ersetzungen es bereits gibt, ist uns nicht bekannt. Diese Birken heben es jedenfalls nicht leicht. Die Marmortafel mit dem Namenszug der Politkerin kann man, wenn man sucht, sicherlich im Parkrasen entdecken.

Warum aber diese Verweigerung der Birken? Liegt es am Untergrund, liegt es an der Benützung des Parkbodens rund um die Birke – die Bäumchen haben es schwer, so richtig aufzukommen. Oder haben sich die auserwählten Birken tatsächlich so stark mit

Johanna Donahl identifiziert, symbolisieren sie derart emphatisch die gesellschaftlichen Verhältnisse und die nach wie vor schwierigen Bedingungen für Frauen, dass sie daran zugrunde gehen?

Gestärkt und reich an Ideen reisten wir Frauen, von denen ich die jüngste war, damals nach unserem Treffen mit Johanna Donahl wieder in unsere Bundesländer zurück. Ich erinnere mich, wie beschwingt ich von Wien nach Vorarlberg fuhr. Frohgemut. Eine der Ideen, die in dieser illustren Frauengruppe diskutiert wurde, war die Einführung von Betriebskindergärten, um berufstätigen Müttern die Arbeitstätigkeit zu erleichtern.

So wie jetzt die Birke im Meidlinger Haydnpark hatten wir vor ca. vierzig Jahren mit Widrigkeiten zu kämpfen. Unsere Ideen konnten nicht wurzeln, zu stark war das Patriarchat, zu sehr noch die Überzeugung, wenn eine Frau Kinder habe, solle sie bei diesen zu Hause bleiben. Betriebskindergarten, wer käme nur auf solch lächerliche Idee? Geöffnete Kindergärten auch in den Sommermonaten? Die Mütter sollten sich gefälligst frei nehmen und sich um ihre Kinder kümmern. Der Personalchef erstarrte in Spott und Häme.

Neben der Donahlbirke befindet sich im Haydnpark auch eine Parkbank. Vielleicht finden Sie Zeit und Muße, sich Gedanken zu machen über einen Satz von Johanna Donahl, der, wie ich denke, jenen Menschen den Wind aus den Segeln nimmt, die den Feminismus immer noch als Trennungslinie, als Streitobjekt sehen:
Ich denke, es ist Zeit, daran zu erinnern: Die Vision des Feminismus ist nicht eine »weibliche Zukunft«. Es ist eine menschliche Zukunft. Ohne Rollenzwänge, ohne Macht- und Gewaltverhältnisse, ohne Männerbündelei und Weiblichkeitswahn.

6. Frau Sladek

Nie würde ich mich jemals für Geschirr begeistern, dachte ich. Nie für ein Kaffeeservice. Nie. Nie würde ich im Haushalt aufgehen wollen. Kein Germteig in vorgewärmter Kuchenform. Die Freude meiner Mutter über ein besonderes Kristallglas konnte ich nur halbherzig teilen. Kristallschliff? Ein Schwan aus Glas? Goldrandteller? Verführungsversuche, um junge Frauen zu »guten Hausfrauen« zu überlisten.

Ich wusste nicht, wie sehr mich dies alles später freuen würde: Jetzt.

»Das ist die Frau Sladek«, sagt Beppo, als wir am Geschäft der Familie Sladek vorübergehen und dass das Geschäft bereits in dritter Generation geführt wird. Ein Familienbetrieb. Schon zuvor einmal ist mir das Geschäft in der Reschgasse 10 aufgefallen. Beim Vorübereilen erblickte ich im Augenwinkel Geschirrschaufenster. Also Schaufenster über und über besetzt mit Geschirr. Damals hatte ich es eilig, so wie oft. Schnell, schnell in die Vivenotgasse, wo ich im Atelier des BÖS (keine Angst, niemand ist bös: damit gemeint ist der Berufsverband Österreichischer SchreibpädagogInnen) einen Workshop leiten musste. Ich habe den ausgestellten Waren keine besondere Beachtung geschenkt: Wie gesagt, nur nicht im Haushalt aufgehen. Besser gesagt: untergehen.

Der Spaziergang mit Beppo zeigte mir: Das ist kein Drunterunddrüber. Eigentlich ist das Geschäft, zu welchem die vielen Schaufenster gehören, ein kleines Geschirrimperium. Eine Milchstraße mit einem Kunterbunt unendlicher in sich geordneten Universen von Küchen-, Kaffee- und Speisegeschirr.

In der dritten, in einigen Jahren vielleicht in der vierten Generation geführt. Oma Gertraud Sladek ist mit 95 nur noch im Hintergrund tätig, die Stammgäste aber freuen sich, wenn sie »die alte Frau Sladek« im Geschäft erblicken. Das beeindruckt mich. Ich blicke ein wenig genauer hin. Schaue durch die halb geöffnete Geschäftstüre. Und erblicke Frau Sladek. Angeregt unterhält sie sich mit einer Kundschaft.

Familienunternehmen sind interessant. Interessant unter anderem, weil sie es geschafft haben, durchzuhalten. In guten Zeiten durchzuhalten, das ist einfach. Aber auch in weniger guten Zeiten einen Betrieb weiter zu führen, durchzutauchen und irgendwo drüben wieder aufzutauchen, hat mit Zuversicht zu tun, mit Vertrauen in das Kommende. Seit 1869 hat die Familie Sladek diese Zuversicht. 1869 wurde das Geschäft von den Urgroßeltern Sladek als Bau- und Galanterie-Spengler gegründet. Wussten Sie, was ein Galanterie-Spengler ist? Ich wusste es nicht. Galanterie-SpenglerInnen sind KunstspenglerInnen und fertigen Objekte und Spezialgefäße aus Blech und Metallen wie Kupfer, Aluminium, Stahl oder Eisen sowie kunstgewerbliche Arbeiten an. Als Spezialform in der Spenglerzunft sind Galanterie-Spengler im Bauwesen tätig. Zu ihren Produkten gehören z. B. Dachrinnen, Dach-Rohre, Abdeckungen und Metalldächer sowie Fassadenverkleidungen. Sie warten und reparieren diese Produkte und führen an diesen Oberflächenbehandlungen durch.

Das Kunterbunt in den Auslagen stammt also nicht aus der 1-Euro-Shop-Wegwerfmentalität, das Sammelsurium ist der Tradition und dem treuen Stammpublikum geschuldet. Hier gibt es die Geschichte zur verstopften Düse beim Schnellkochtopf, den Reparaturservice und Ersatzteile.

In den Auslagen stehen Dampfkochtöpfe unterschiedlicher Fabrikate, Käsereiben verschiedener Marken, Kaffeemaschinen, Messer, Blumentöpfe und Nudelmaschinen. Mein Stiefvater kaufte sich, als er in Pension kam, eine Nudelmaschine und startete kurz darauf seine eigene, kleine, private Nudelfabrik. Fünfzehn Jahre, bis zu seinem Tod, versorgte er die Familien meiner Schwester und mir mit selbstgemachten Nudeln. An Produktionstagen war das große Wohnzimmer nicht benützbar. Auf dem Ess- und Wohnzimmertisch, über den Stuhllehnen, auf dem Wäscheständer und sogar auf dem Sofa lagen und hingen frische Leinen- und Geschirrtücher, auf welchen die Nudeln sorgfältig aufgelegt lagen oder hingen: 2 mm breite Suppennudeln, 4 mm und 8 mm breite Beilagennudeln. Manchmal zeigte er uns, wie der Teig durch die Maschine getrieben wurde, breite Teigstücke, die nach zwei- oder dreimaliger Bearbeitung die richtige Stärke, besser gesagt, Dünnheit aufwiesen, sodass ein anderer Einsatz in der Nudelmaschine verwendet und die Nudeln produziert werden konnten. Er war sichtlich stolz auf seine Produkte und der kleine steirische Mann strahlte über das ganze Gesicht. Als ich ihm eines Tages hauchdünne Staniolverpackungen brachte, begann er, der nie etwas übrig für Geschenke hatte, seinen NachbarInnen hübsche Nudelgeschenkspäckchen vorbei zu bringen.

Irgendwo im Keller meiner Tochter steht sie noch, die Maschine.

Nudelmaschinen bei Frau Sladek

Schon möchte ich weitergehen, da! – Ich traue meinen Augen nicht: Das ist doch Mutters Lilienporzellan: Rosa, gelb, grün, hellblau. Das Lilienporzellan, das sie sich immer gewünscht hat. Jenes Geschirr, das sie sich nie leisten wollte, da sie »eh schon ein Sonntagsgeschirr« besaß. Diese Sonntagsgeschirrmentalität hat mich schon als Kind gestört. Schon als Kind wollte ich nicht aus den hässlichen, klobigen Häferl trinken, das eine oder andere hatte einen Sprung, eine abgeschlagene Kante. Schon damals nahm ich mir vor, für meinem Haushalt, wenn ich denn einen hätte, nur schönes Geschirr zu kaufen, feines Porzellan, das ich an allen Tagen der Woche verwenden würde. Ein Sonntagsgeschirr, wie meine Mutter eines hatte, würde es ganz sicher nicht geben.

Für meinen eigenen ersten Haushalt kaufte ich dann ein weißes, elegantes Porzellan, das ich teilweise immer noch besitze. Das Lilienporzellan, dieses herrlich bunte Geschirr mit dem zeitlosen Design, von welchem meine Mutter öfters geschwärmt hat, hatte ich vergessen.

Einen Tag vor der Übersiedlung in die Bendlgasse war ich nun bei Frau Sladek. Besser gesagt, es war noch Lockdown, graugedämpfte Coronastimmung, und ich bestelle nachts um 01.00 Uhr das neue Geschirr für meine neue Wohnung. Online bei Frau Sladek. Das Lilienporzellan strahlt nun aus meinen Küchenkästchen, die Farben bunt – im Andenken an meine Mutter.

Und eine neue Nudelmaschine werde ich auch noch kaufen. Im Andenken an den Vater.

7. Der Knopfkönig

Hätte Svjetlana Pranjic das Geschäft nicht übernommen, gäbe es hier vielleicht eine weitere Billigkaufhauskettenfiliale. Aber eben: Nix ist zufällig. Auf jeden Fall hat die Tradition des Knopfköniggeschäftes mit Svjetlana Pranjic zu tun.

Svjetlana Pranjic ist gebürtige Kroatin. Während die WienerInnen im Sommer nämlich nach Kroatien ans Meer fuhren, kam sie in ihren Ferien auf Urlaub nach Wien. Ehe sie mit 13 Jahren endgültig nach Wien übersiedelte. Ihr Traum war es, eine Modeschule zu besuchen. Davor aber musste sie die Sprache besser lernen und der Job beim Knopfkönig sollte sozusagen die Vorbereitung für ihre berufliche Laufbahn werden. Als Svjetlana Pranjic ihre Lehre in Meidling beendet hatte, gefiel es ihr so gut, dass sie im Geschäft weiterarbeitete. Und als die vormalige Chefin im September 2000 in Pension ging, war für beide klar, dass Svjetlana die neue »Knopfkönigin« werden solle. Knöpfe haben ja auch etwas mit Mode zu tun. Besser gesagt: Knöpfe sind das essentielle modische i-Knopftüpfelchen auf der Kleidung. Knöpfe ziehen die Blicke an und können zum auffallenden Schmuckwerk werden. Der rote Knopf an meinem Mantel, der aussieht wie ein Rubin, ist solch ein Blickanziehungspunkt.

Die Knopfkönigin in ihrem Reich

Es gibt hunderte von Knöpfen im Geschäft. Svjetlana Pranjic, die von ihren KundInnen auch als »Knopfkönigin« bezeichnet wird, berät fachfrauisch eine Kundin, die drei Blusen genäht hat und nun besondere Knöpfe sucht. Aber es gibt nicht nur hunderte, oder sind es tausende? Hinter dem verschiebbaren Holzregal mit dem Spiegel und den Garnen kommen Überraschungen zum Vorschein: Strickhauben, Kappen mit und ohne Schild, Mützen mit Ohrenklappen und ohne, es gibt Wollschals, Handschuhe für Damen und Herren, Wolle, Fäden … jetzt betritt ein älterer Herr das kleine Geschäft, sucht einen braunen Reißverschluss, 13 cm: »Ich trenne den alten aus der Hose heraus, kann ich die Hose dann vorbeibringen?« fragt er. Svjetlana Pranjic bietet nämlich einen besonderen Service: Wer wünscht, kann die Kleidungsstücke hierlassen, eine Schneiderin repariert die Stücke, verbessert, setzt Reißverschlüsse ein. »Meine Kundinnen und Kunden kommen zum Teil sogar aus Niederösterreich, um hier einzukaufen«, freut sie sich. Drei Euro fünfzig. »Ich werde nicht reich«, lacht die Knopfkönigin, »aber ich arbeite gerne hier.« Verlängerungen für BHs gibt es hier ebenso wie Anorak-Druckknöpfe, Gold- und

Silberperlen und welche aus Holz, verschiedenfarbige Pailetten, Paspelbänder, Spitzen, Polsternadeln, Ösenzangen, Manschettenknöpfe für Hemden und einen kleinen Silberlöffel mit Wappen. Sogar Tauf- und Kommunionkerzen sind im Angebot. Die nächste Kundin benötigt Glassicherheitsaugen für ihre Strickeulen und Monster. Sie hat ein Handarbeitsbuch dabei: »Harry Potter häkeln und stricken« und sucht für das Strickmonster grüne Glasaugen. »Das gibt es nicht – diesen Satz gibt es nicht bei mir«, lacht Svjetlana Pranjic. »Wenn es im Geschäft nicht zu finden ist, versuche ich, es zu bestellen.«

Das Geschäft ist für Svjetlana wie ein zweites Zuhause. »Das Geschäft hat eine Seele, die soll erhalten bleiben. Ich habe bei der Übernahme beschlossen, nichts zu verändern. Außer einem neuen Fußboden ist alles so, wie es war. Die wunderschöne Auslage, die edlen alten Holzregale ... Und die Eingangstüre ist eine Rarität. Die gibt es kein zweites Mal.«

»Das ist das schönste Geschäft in der ganzen Meidlinger Hauptstraße«, schwärmt eine ältere Kundin.

Und auch wir bleiben bei unserem Meidling-Rundgang hier stehen und verbeugen uns. Svjetlana bekommt fünf Königinrensterne.

Autoren und Autorinnen aus Meidling und über Meidling

1. Fritz Stüber-Gunther

In alten Heimatbüchern werden verschiedene Namen genannt. Ausschließlich Männer, die Geschichten und Geschichterln über Meidling verfassten, die jedoch seit langer Zeit nicht mehr verlegt werden. Sei es wegen fehlender Aktualität, sei es wegen zweifelhafter Qualität ihrer Texte. Ein Beispiel für solche Autoren ist Fritz Stüber-Gunther. Sein letzter Band erschien 1946 bei Stocker, Graz/Wien, antiquarisch kann man um 3 Euro einen Band seiner Geschichten erwerben.

Fritz Stüber-Gunther wurde am 22. März 1872 in der heutigen Arndtstraße 82 geboren, eine Gedenktafel weist darauf hin. Nach der Matura trat er in den öffentlichen Dienst ein und schaffte es bis zum Rechnungshofdirektor. Nebenbei schrieb er Feuilletone und Milieustudien, die in verschiedenen Zeitungen erschienen. Er starb am 15. September 1922 Wien in der Wallgasse 28 im sechsten Wiener Gemeindebezirk.

Sein Sohn Fritz Stüber war einer der hochgradigsten und unbeugsamsten Nazi-Autoren in Wien, seine Werke wurden deshalb 1946 vom Österreichischen Bundesministerium für Unterricht 1946 auf die *Liste der gesperrten Autoren und Bücher* gesetzt.

Wir wollen einen Textausschnitt von Fritz Stüber-Gunther Vater veröffentlichen, der uns aus historischen Gründen recht gut gefallen hat. Der Autor schreibt über das Pfannsche Bad beim heutigen Hermann-Leopoldi-Park, nachzulesen in der Broschüre »Meidling, der 12. Wiener Gemeindebezirk in Vergangenheit und Gegenwart«, hg. vom Meidlinger Heimatbuchausschuß, Wien 1930:

Aber wie hat es sich verändert, wie ist seine riesige Grundfläche, sein dichter, weiter Baumbestand zusammengeschmolzen! Nur mehr die Wannenbadeabteilung, das eigentliche »Schwefelbad« und ein winziges Gartenfleckchen sind übriggeblieben, parzelliert und verbaut sind die beiden großen, primitiv eingerichteten, dafür aber mitten im Grünen gelegenen Schwimmbassins. Im Winter blieb die ganze Anstalt geschlossen. Aber wenn im März, vor Ostern, das Tor sich knarrend öffnete und ein Mann mit Farbtopf und Pinsel sich daran zu schaffen mache, es zu renovieren, dann wußten wir Buben, die wir uns wenig um den gedruckten Kalender kümmerten, daß der Frühling ganz nahe sei; und wenn endlich eines Morgens über dem Tor die kleine weißrote Fahne flatterte, dann war es auch für uns die höchste Zeit, die Winterspiele, Kasperltheater- und Laterna magica-Vorstellungen zu beenden und mit den Frühlingsspielen, dem Grüberlscheiben, Tempelhupfen und Fleckerlsetzen, den Ritter- und Indianerschlachten, zu beginnen. Hof und Garten des Pfannschen Bades, obwohl oder weil uns verboten, waren uns der liebste Platz dafür.

2. Unbekannter Autor, Arbeiterzeitung

Im Ort Meidling lebten gegen Ende des 19. Jahhunderts, ja selbst im beginnenden 20. Jahrhundert, auf engstem Raum viele Menschen mit geringen Einkommen, darunter viele tschechische Zuwanderer. Bei solch beengten Wohnsituationen konnten die dabei auftauchenden Spannungen unter den Bewohnern oft nur mit Gewalt gelöst werden. Beziehungstragödien waren höchstwahrscheinlich an der Tagesordnung. Wir zitieren die Arbeiterzeitung vom 16. März 1914:

Im Dämmerzustand
Eine noch nicht ganz aufgeklärte Kriminalsache beschäftigte Sonntag nacht das Polizeiamt Meidling. In einer Wohnung hat ein Mann bei der Heimkehr seinen Wohnungsgenossen und besten Freund, der schlafend im Bette lag, mit der Hacke überfallen und ganz grundlos schwer verletzt.

Im Hause Nr. 48 der Wurmbstraße, die an der Pottendorfer Bahn in Meidling beginnt, wohnt der Hilfsarbeiter Leopold Medek, nach Tischnowitz in Mähren zuständig. Bei ihm wohnt als Untermieter der am 15. September 1884 zu Kormitsch in Galizien geborne Hilfsarbeiter Fedor Lydwynschuk. Die beiden Männer arbeiteten zusammen und waren auch sonst die besten Freunde. Sie vertrugen sich immer und hatten nie Streit. Lydwynschuk war am Samstag abend im Gasthause gewesen und dann heimgekommen. Er hatte sich gleich zu Bette begeben, während Medek noch nicht daheim war. Gegen 2 Uhr früh war auch Medek heimgekehrt. Und nun hat sich die gräßliche Szene abgespielt. Lydwynschuk sah im Bette seinen schlafenden Freund und angeblich ohne jeden Anlaß, in einem Dämmerzustand, den man als Blutrausch bezeichnen könnte, faßte ihn das Verlangen, den Freund niederzuschmettern. Er ergriff eine Hacke und näherte sich dem Bette des Freundes und schlug auf den Ahnungslosen los. Er traf den Kopf und bei dem ersten Hieb erwachte Lydwynschuk. Er wollte aufspringen, doch vermochte er es nicht, da Medek immer wieder auf ihn losschlug. Der Ueberfallene blutete schon aus mehreren ernsten Wunden, als es ihm endlich gelang, sich vollends zu erheben und aus dem Zimmer zu flüchten. Medek eilte ihm nach und rief ihm klagend zu: »Ferdl, mach' dir nichts draus, ich kann nichts dafür!« Durch das Schreien Lydwynschuks wurden die Parteien im Hause geweckt und von allen Seiten kamen Leute auf den Gang. Sie sahen im Hemde den blutüberströmten Mann. Medek aber flüchtete.

Lydwynschuk wurde in das Franz Josefs-Spital gebracht. Noch ehe die Polizeibehörde von dem Ueberfall verständigt werden konnte, hatte sich der Täter beim Polizeiamt Meidling selbst gestellt. Medek war zu seinem in der Mandlgasse wohnhaften Stiefvater geflüchtet und hatte diesem von seiner Tat erzählt. Der Stiefvater riet ihm, sich bei der Polizeibehörde selbst zu stellen. Medek befolgte den Rat und ging zum Polizeiamt Meidling, wo er sich dem Journalbeamten Kommissär Klecatsky vorführen ließ und ihm Mitteilung machte, daß er seinen Freund erschlagen habe.

Die polizeilichen Erhebungen: Medek hatte am Samstag abend von 8 Uhr an im Gasthause Preßler, Meidling, Cantacuzinostraße, (die heutige Edelsinnstraße, B.B.) geweilt und drei Krügel Bier und einen halben Liter Wein getrunken. Als er heimkehrte, ergriff er die Hacke, die in der Küche lag und trat auf das Bett Lydwynschuks zu. Er führte die Hiebe gegen den Schlafenden. Lydwynschuk riß dem Wahnwitzigen die Hacke aus der Hand und flüchtete auf den Gang . . .Bei seiner Einvernahme gab Medek an, daß er herzkrank und geistes-abwesend gewesen sein mußte, als er die Tat an seinem Freunde vollführte. Die Verletzungen Lydwynschuks sind nicht gefährlich. Die Einvernahme des Verletzten.

Durch die Einvernahme des verletzten Lydivynschuk, die Kommissär Klecatsky gestern vormittag im Franz Josefs-Spital durchführte, ist einiges Licht in die anfänglich so geheimnisvoll und unbegründet scheinende Mordsache gekommen. Durch die Einvernahme Lydwnnschuks, der eigentlich richtig Leturinczuk heißt, ist es erwiesen, daß Leopold Medek in ihm mehr als den Freund zu finden hoffte. Medek liebte den jungen Menschen und soll ihm auch vor einiger Zeit durch Wochen Anträge gestellt haben, die darauf schließen lassen, daß Medeks Seelenleben gestört ist. Leturinczuk hat diese Anträge standhaft zurückgewiesen und das hat Medek sehr übel aufgenommen. Er war darüber ganz betrübt und hat sich über das beiderseitige Verhältnis geäußert: »Ich bin dir ein so guter Freund und du für mich nicht! Ich werde es mir merken!« Als nun Medek in der Nacht zum Sonntag heimkehrte, konnte er die Eingangstür, die von innen verriegelt war, nicht öffnen. Leturinczuk mußte aufstehen und den Riegel zurückschieben.

Medek trat ein und Leturinczuk legte sich gleich schlafen. Er hörte noch halb im Traume, wie Medek in der Küche herumarbeitete, und schlief dann ein. Plötzlich erwachte er durch den Schmerz, den ihm der erste gegen sein Gesicht geführte heftige Schlag mit der Hacke verursachte. Er setzte sich im Bette auf und erhielt, ehe er sich zur Wehr setzen konnte, noch zwei weitere Schläge. Nun vermochte er aus dem Bette zu springen und dem Medek die Hacke zu entreißen und auf den Gang zu flüchten. Auf seine Hilferufe eilten andere Mieter des Hauses herbei, die den Medek festnahmen. Er riß sich aber los und lief aus dem Hause.

Medek wird wegen Mordversuches dem Landesgericht eingeliefert werden.

3. Johann »Schani« Breitwieser

Wir springen jetzt zum ungekrönten Einbrecherkönig von Meidling, zu Schani Breitwieser. Über sein »Wirken« haben wir schon im Kapitel »Pülcher und Pülcherinnen« erfahren. Der Anwalt Hermann Kraszna verfasste sechs Jahre nach dem Tod von Schani Breitwieser im Jahre 1925 ein Buch über dessen Leben. Es ist anzunehmen, dass er den Einbrecherkönig persönlich gekannt hatte. Das Buch selbst heißt »Johann Breitwieser, ein Lebensbild. Nach mündlichen Bekenntnissen erzählt von Hermann Kraszna«. Wir bringen einen kurzen Ausschnitt über Schanis Jugend:

Da habt's mei letztes Kranl! Oft wußte Schani nicht, wo ihm der Kopf stand. Es gab so viel zu sehen und zu erfahren auf dieser Welt, in Meidling, daß es ihm ganz und gar nicht möglich war, vor Tagen und Nächten zu Hause zurückzukehren. Niemand konnte ihm zumuten, um Mitternacht beim Haustor zu pochen und ein Sechserl zu zahlen, das war ganz anderen Zwecken vorbehalten, als den »bladen« Hausmeister zu füttern, der mit der einen Hand das Geld ruhig eingesteckt, ihn mit der anderen Hand aber sicher beim Schopfe gepackt und zum Vater geschleppt hätte, der schon seit längerer Zeit nach dem Jungen schrie und mit einem spanischen Rohr an der Seite schlief. Schließlich bedurfte Schani auch lautloser, ungestörter Stunden Schlafes, die nur im Gatterhölzl zu haben waren. Sein Reinlichkeitsgefühl wurde nachgerade ein Peinlichkeitsgefühl, das den Knaben manchmal beinahe schmerzte. Sein Drang nach etwas Bequemlichkeit wurde so heftig, daß ihn das Massenquartier zu Hause anwiderte. Das Niederlegen mit zwei Geschwistern in dem armen wackeligen Bette, das Erwachen und Sichwiedererheben und das Drängen der vielen zu einem mit Wasser gefüllten Schaffe, das auf einem Schemel stand, verursachte ihm manchmal, wie er später meinte, einen »riechenden« Ekel, und er überwand ihn nur durch das Gefühl der Familienzugehörigkeit. Diese Unlust trieb ihn mitunter dazu, lieber in der Höhle zu campieren als unter dem Dache des Elends. Als seine Bewegungen mehr noch ein Wackeln als ein Gehen waren, kannte Schani Breitwieser bereits genau die Häuser und Geschäfte der Umgebung. Unmöglich konnte ihm die Schnapsbude des Noë Blaustein entgangen sein. Noch im Röcklein saß er auf der Schwelle der Geschäftstür und guckte hinein, wenn sie sich etwas öffnete. Drinnen hantierte ein kleiner dicker Jude, den das Kind »Bausdein« nannte. Das kleine, braune Geschöpf gefiel dem Herrn der Bude sehr, und wenn niemand im Geschäfte war, so plauschte er mit Schani und gab ihm auch öfter ein Butterbrötchen. Aber die Freundschaft hielt die Jahre nicht durch, denn Noë Blaustein konnte einen Gassenstrizi nicht leiden, und später, als Schani mehr Wilder als Wiener war, jagte er ihn davon, so wie er sich zeigte.

4. Anton Krutisch

Kein Buch über Meidling ohne Anton Krutisch. In der Niederhofstraße 22 wurde er am 2. Mai 1921 geboren, dort starb er auch am 19. September 1978. An jenem Haus ist eine Gedenktafel angebracht.

Im Zweiten Weltkrieg schwer verwundet, wurde er Angestellter der Sozialversicherung. Von 1950–1970 war er Obmann des 1922 gegründeten Geselligkeitsvereins »D' guaten Weana«. Der Öffentlichkeit bekannt wurde er durch zumeist im heiteren Stil verfasste Dialektgedichte, die er selbst vorzutragen pflegte. Heute sind keine Bücher von ihm lieferbar. Oft war er beim »Pauser« in der Koflergasse zu Gast, heute heißt das Wirtshaus »Alt-Wien«. Über den »Pauser« schrieb er im Sammelband »Ka Bam wachst in Himmel«, erschienen posthum 1979, folgende Geschichte:

A recht liaber Stammgast vom Pauserwirt is der Krapfenbacher ...
Also der sitzt unlängst beim Manfred, trinkt still sei Glaserl Wein und lest aufmerksam die Meidlinger Bezirkszeitung. Auf amal steßt er an Überraschungsruf aus und schreit: »Des giiibts net – des derf net waaahr sein!« Wie der Wirt fragt, warum er si so wundert, sagt er mißbilligend: »Ja kriagt denn der Krutisch gar net gnau? Jetzt tuat er eh scho dichtn, schreibm, vortragen, Kabarett spieln und

*was Gott no, und jetzt muaß er a no Autorennen machen! No dazu
in einem Saal. Wia des geht, kann i mir gar net vorstelln. Vielleicht
Go-kart, des gingert eventuellno. I glaub, der Anton is teppert
wurdn.«*

Anton Krutisch

Jetzt ist das Erstaunen beim Pauserwirtn. »Was redens denn
zsamm, Herr Krapfenbacher?«, *mant er unsicher.* »Unser Krutisch,
der Obmann von de ›Guaten Weana‹, soll Autorennen fahrn?«

»Da stehts schwarz auf weiß, daß der Krutisch im Gewerbe-
saal in der Malfattigassen an Auto-rennabend hat. Wenns es net
glaubn, dann lesens es selber.«

*Ziemlich unwirsch und a bisserl beleidigt streckt er dem Manf-
red die Bezirkszeitung hin – und wirklich wahr, da steht schwarz
auf weiß drin:*

*Malfattigasse, Festsaal der Berufsschule, Montag 20 Uhr, Auto-
renabend Anton Krutisch.*

5. Christine Busta

Dass die Schriftstellerin Christine Busta Beziehungen zu Meidling hat, erfreut mich, zumal ich ihre Lyrik sehr schätze und mich vor Jahren eines ihrer Gedichte inspirierte, den Christine-Busta-Lyrikfaden aufzunehmen, sozusagen als Echo, Nachklang oder Antwort. Sie wohnte von 1952 bis 1957 im Reismannhof auf Stiege 20. Also könnten wir sie als Meidlinger Lyrikerin bezeichnen.

Christine Busta hatte ein sehr abwechslungsreiches und bewegtes Leben, ein Auf und Ab des Schicksals, Verpflichtungen, Sorgen, Freuden und Nöten. Sie wurde 1915 als uneheliche Tochter von Magdalena Busta geboren, wie sie selbst schreibt in »einer Vorstadtgegend, einer Gegend der kleinen und kleinsten Leute«. Da die Mutter arbeiten musste, übernahm die böhmische Hausmeisterin Maar die Aufsicht über die kleine Christine, die für sich Geschwister erfand und Selbstgespräche führte. Mit neun Jahren schrieb sie bereits ihr erstes Gedicht. Christine war eine gute Schülerin, sodass sie nach der fünften Volksschulklasse das Realgymnasium besuchen konnte. Sie war 14 Jahre, als ihre Mutter, die zuerst als Dienstmädchen, dann als Verkäuferin gearbeitet hatte, 1929 ihre Arbeit verlor. Mit Nachhilfestunden sorgte Christine für den Lebensunterhalt für sich und ihre Mutter. Und dichtete. Bereits mit 17 Jahren, am 7. November 1932, hielt Christine Busta im Wiener Frauenklub ihre erste öffentliche Lesung. Darauf folgte 1933 eine Rundfunklesung (Radio Verkehrs AG), die sie unter dem Pseudonym Christl Batus abhielt. Im selben Jahr maturierte Busta am Realgymnasium der »Töchter des Göttlichen Heilands«. Anschließend studierte sie einige Semester Germanistik und Anglistik, aber ein Nervenzusammenbruch und finanzielle Gründe zwangen sie 1937, das Studium abzubrechen.

1938 wurde sie Hilfslehrerin an einer Handelsakademie in Wien, 1940 heiratete sie Maximilian Dimt, einen Musiker, der 1942 zum Heer einrücken musste und schon zwei Jahre später im Deutsch-Sowjetischen Krieg als vermisst gemeldet wurde. Im besetzten Nachkriegsösterreich war Christine Busta als Dolmetscherin tätig, ihren Lebensunterhalt verdiente sie als Leiterin eines Hotels für englische Besatzungsmitglieder.

1946 konnte Christine Busta erstmals Gedichte in der Wochenzeitung »*Die Furche*« publizieren, 1947 gewann sie den Literaturwettbewerb der »Furche«. Sie wurde langsam in der Literaturszene bekannt und vermehrt erhielt sie Einladungen zu öffentlichen Auftritten und Lesungen für den Österreichischen Rundfunk.

Christine Busta

1950 begann sie mit ihrer Tätigkeit als Bibliothekarin der Büchereien Wien. In diesem Jahr erschien auch ihr erster Gedichtband »*Jahr um Jahr*«. Fast über Nacht konnte sie sich mit diesem Band als anerkannte Dichterin etablieren. Von nun an publizierte sie regelmäßig Gedichtbände, mit ihren Kinderbüchern »*Die Sternenmühle*« und »*Die Zauberin Frau Zappelzeh*« ist die Autorin bis heute in Erinnerung geblieben.

Christine Busta wurde mit vielen Preisen ausgezeichnet. Obwohl sie eine der angesehensten Lyrikerinnen Österreichs war, arbeitete sie nach Verleihung des Trakl-Preises noch weitere zehn Jahre als Leiterin der Hauptbücherei. Nach ihrem Tod erhielt sie am Ottakringer Friedhof ein Ehrengrab (Gruppe 3 A, Reihe 4, Nummer 39).

Christine Bustas Sympathie für die Armen ist keine theoretische, sie hat Enge und Not selbst erlebt. So beginnt sie auch ihre »*Kurzbiografie*«:
»In Enge und Not bin ich aufgewachsen,
aber ich hatte genug zum Staunen . . .«

Einerseits war es das Kleine, Unscheinbare, auf das sie in den Blick lenkte, andererseits aber bewahrte sie sich das Staunen als Gegenpol zu den selbst erfahrenen Nöten.

Ziemlich eigenartig liest sich in den Beiträgen zur Kulturgeschichte Meidling Günther Bergers Passage zur Schriftstellerin: »*Gegen Ende eines an äußeren Ereignissen armen Lebens weilte die Lyrikerin, die auch malte, modellierte und Klavier spielte, im Auseerland (Gabillonhaus, Grundl-See) und wollte auch 1988 wieder im Gemeindesaal Grundlsee lesen. Doch nach langer Krankheit starb sie unerwartet . . .*«

Was, so frage ich mich, dachte sich dieser Mann, der sich ja mit der Dichterin beschäftigt hatte und seitenweise über Christina Busta publizierte, wenn er von einem »an äußeren Ereignissen armen Lebens« schreibt? Ein Autor, der von der schweren Bürde wusste, die sich die 14jährige auferlegte, um den Lebensunterhalt für die Mutter und sich zu bewerkstelligen. Was denkt ein Autor, der vom unfreiwilligen Ende der Studentinnenkarriere weiß, von der Überlastung dieser jungen Frau, der die näheren Umstände kannte und der auch Bescheid weiß über die vielen Preise – also auch großen Freuden – welche die Autorin in, aber auch außerhalb Österreichs erhielt (Süddeutscher Rundfunk, Lyrikwettbewerb Berlin, Italienischer Rundfunk? Was, frage ich mich, ist meint dieser Herr B. mit einem »an äußeren Ereignissen armes Leben?« Genauso, wie er es macht, so wie er hier vorgegangen ist, wurde früher und wird auch jetzt Geschichte geschrieben, werden Karrieren von Frauen klein geschrieben, vergessen, unwichtig gemacht.

In einem Seminar, das ich im Jahr 2000 an der Uni Innsbruck besuchte, wurden Texte von Schriftstellerinnen und deren intertextuelle Bezüge diskutiert. Ein kurzes Gedicht von Christine Bustas blieb in meinem Gedächtnis haften. In seiner Kürze hatte es eine dermaßen einprägsame Dichte, wie es selten ein Gedicht zu leisten vermochte. Als poetische Antwort schrieb ich:

Erkenntnis (zu Christine Busta)

Taste:
Hautnarbe.
Taste mit Fingerkuppe.
Zart.
Du erahnst
ein ganzes
Leben

Wir wiederholen unseren Tipp, überschreiten Sie Ihre Denkgrenzen: Nehmen Sie einen der Lyrikbände von Christine Busta mit in den 7000 m2 großen Christine-Busta-Park und lesen Sie dort Christine-Busta-Gedichte. Bänke gibt es genug.

6. Elfriede Haslehner

Unweit von meinem neuen Domizil wohnt Elfriede Haslehner in der Aßmayergasse. So manches verbinden mich mit ihr, zum Beispiel ihre Nähe zur Oststeiermark. Elfriede Haslehner wurde 1933 in Wien geboren und wuchs in Mödling, im Sudetenland und eben in der Oststeiermark auf. Auch ich hätte in der Oststeiermark fast tiefere Wurzeln gefasst, wäre die Adoption, die vor meiner Geburt geplant gewesen war, durchgeführt worden: Meine kinderlose Großtante hatte in der alten Villa am Rohrberg bei Hartberg schon alles vorbereitet, der Babykorb stand schon bereit, um mich als ihr Adoptivkind in die Arme zu schließen.

Wie Elfriede Haslehner habe ich erst im zweiten Bildungsweg stu-
diert, als Mutter einer pubertierenden Tochter und zwei »Beute-
kindern«, wie meine Tochter die Patchworksituation zu bezeichnen pflegte, war dies kein leichtes Unterfangen, und arbeite seit
dem Studienabschluss als Autorin. Zwei oder drei Jahre habe ich in
einem Frauenensemble gesungen und bin künstlerisch tätig.

Elfriede Haslehner

Elfriede Haslehner absolvierte nach verschiedenen Tätigkeiten
als Büroangestellte, Hausfrau und Mutter dreier Kinder, Sozial-
arbeiterin, Mitbegründerin des Wiener Frauenverlags (1980) das
Studium der Philosophie und Germanistik und schloss das Studium 1985 mit dem Doktorat ab. Von da an arbeitete sie als frei-
schaffende Autorin, veröffentlicht hauptsächlich Lyrik, aber auch
Prosatexte, Satire und Kabarett, sie war Chorsängerin, Zeichne-
rin und Malerin.

Gedichte, auch in Dialekt und solche für Kinder, Haiku, Hör-
spiele, Satiren, Kabarettexte, Erzählungen, Romane und auch politische Texte – was und wann sie geschrieben bzw. veröffentlicht
hat, welche Preise und Auszeichnungen Elfriede Haslehner erhalten hat, finden Sie im Internet. Im Internet finden Sie auch einige
Leseproben auf der Seite des »Podium«: Es sind politische, gesell-
schaftskritische Gedichte, erschreckend in ihrer Radikalität.

WENN DER HAUSBESORGER
im parterre
seine frau schlägt
oder der herr im ersten stock
seine frau anschreit:
du hast doch gar keine ahnung
wie es im praktischen leben zugeht!
oder
der student im dritten stock
zu seiner freundin sagt:
um mitreden zu können
müßtest du erst einmal
einige 1000 seiten Marx gelesen haben -
so kommt das alles
im prinzip
auf das gleiche heraus

Wir finden, es ist an der Zeit, dass sich die Germanistik mit Elfriede Haslehner beschäftigt.

Das Bezirksmuseum

Das Bezirksmuseum Meidling in der Längenfeldgasse 13–15 ist nicht nur das älteste, sondern auch eines der schönsten und – durch die Vielzahl der Aktivitäten – auch eines der lebendigsten Bezirksmuseen dieser Art in Wien. Es wurde vor ca. hundert Jahren (1923) von einem Kreis interessierter BewohnerInnen, u.a. Leopoldine und Otto Glöckel sowie Karl Hilscher als Heimatmuseum gegründet. Noch im selben Jahr fand eine erste Ausstellung der gesammelten und gespendeten Objekte in einem Klassenraum der Schule Singrienergasse statt. Obwohl nach 1938 alle Vereine aufgelöst wurden, konnte das Heimatmuseum Meidling den Museumsbetrieb unter dem Patronat des Historischen Museums der Stadt Wien (heute Wien Museum) aufrechterhalten, zwischen 1943–1945 wurde die Sammlung nach Niederösterreich gebracht, um sie vor der Vernichtung zu schützen. Einige Objekte gingen dabei »verloren«.

Nach verschiedenen Orts- und Leitungswechseln im Laufe der Jahrzehnte übernahm 1987 die Museologin Prof. Dr. Vladimira Bousska die Leitung des Museums und ihrer aktiven und umsichtigen Tätigkeit ist es zu verdanken, dass dem Museum im Jahr 1999 der Anerkennungspreis des Österreichischen Museumspreises verliehen wurde. Die Präsentationen reichen von vorgeschichtlicher Zeit bis in die Gegenwart. Gemeinsam mit ihrem Ehemann Prof. Hans W. Bousska betreut Dr. Vladimira Bousska das Museum bereits 45 Jahre! Die zahlreichen Bestände können nach Voranmeldung eingesehen werden, es ist auch ein Arbeitsraum mit Scanner vorhanden.

Die im Jahre 1960 vom damaligen Museumsleiter Karl König geschaffene Publikationsreihe »Meidling, Blätter des Bezirksmuseums« wird von Prof. Hans W. Bousska weitergeführt, nach wie vor finden auch Vorträge statt, um die Bezirksgeschichte einer breiteren Öffentlichkeit nahezubringen. Gerne hätten wir bei unserem Besuch noch mehr über das »Palatin« erfahren, die Wirtin hat uns ja hierher verwiesen. Aber so sehr sich die Museumsleiterin Frau Dr. Boussak auch bemüht, das Gasthaus Palatin ist in den Auflistungen der Gast- und Wirtshäuser Meidlings nicht zu finden. »Es gab eine Ausstellung über die Gasthäuser von Meidling, das ist richtig«, sagt sie. Ist das Palatin übersehen worden? Da müssten wir noch einmal genauer recherchieren.

Nicht nur Bücher, Zeitschriften und Fotografien, auch Bilder werden im Museum aufbewahrt. Der Bestand an Gemälden, Zeichnungen und Kunstdrucken geht darauf zurück, dass KünstlerInnen im Bezirksmuseum Meidling ausgestellt und dem Museum ein oder mehrere Werke geschenkt haben. Zum Grundgedanken, die Geschichte des Bezirks in einem eigenen Museum zu zeigen, gehörte nämlich auch die Förderung heimischer Künstlerinnen und Künstlern. Das Meidlinger Bezirksmuseum verfügt daher seit Beginn über ein »Künstlerzimmer«: Die »Galerie Meidling« präsentiert in temporären Ausstellungen Meidlinger KünstlerInnen sowie Schwerpunktthemen aus der Geschichte des Bezirkes, AutorInnen wird eine Lesemöglichkeit geboten. In der »Galerie im Stiegenhaus« findet sich zudem eine permanente Ausstellung der Werke von Josef Wawra und seiner Gattin Josefine Wawra, welche eine Schülerin der bedeutenden österreichischen Landschaftsmalerin des Wiener Jugendstils Tina Blau war.

Das Museum, das kann gesagt werden, ist anders als viele der üblichen Heimatmuseen. Das Meidlinger Museum verfügt über eine umfangreiche Sammlung zu Handwerk und Alltagsleben. Auffallend sind die vielen Plakate, welche von einem regen Theater- und Kabarettleben und vielen Veranstaltungshäusern/bühnen in Meidling zeugen. Eine Besonderheit stellt der Feuerwehrspritzwagen aus dem Jahr 1835 dar. Und besonders sehenswert ist eine Wohnungseinrichtung der Jahrhundertwende: Ein komplett eingerichtetes Wohnzimmer, eine Küche und eine Waschküche zeigen uns die Wohn- und Lebensverhältnisse Ende des 19. Jahrhunderts.

In der benachbarten Malfattigasse befindet sich das Heizungsmuseum, das einzige derartige Museum in Europa. Auf etwa 2000 m² Ausstellungsfläche finden sich mehr als 500 Exponate zum Heizen – vom Urfeuer bis zur modernen Solarenergie. Auch hier gibt es Prunkstücke, die besondere Beachtung finden wie z.b. ein Dampfkessel mit dazugehörigem Kleiderdesinfektionsapparat.

Besonders berührt hat uns die Sonderausstellung »Für das Kind« zur Erinnerung der Kindertransporte von Österreich nach Großbritannien. Mit diesen Kindertransporten traten zwischen November 1938 und September 1939 über 10.000 Kinder, die als »jüdisch« im Sinne der Rassegesetze galten, die Ausreise aus Österreich, Deutschland, Polen und der Tschechoslowakei nach Großbritannien an. Fotos mit den letzten Dingen der Kinder lassen uns still werden und traurig. Stellvertretend möchten wir die Fotografie erwähnen mit dem Titel »das letzte Mal geschliffen von meiner Mutter« – winzigkleine Eislaufschuhe aus Leder eines zehnjährigen Buben, dessen Eltern von den Nazis ermordet wurden.

6. Kapitel

Und wie geht's weiter?
Blick in die Zukunft

- Der Kaskadenbrunnen von Boris Podrecca auf dem Platzl vor dem Wappenhaus sprudelt wieder und erfreut die Flanierenden.
- Das Gemälde »Meidlinger Canalettoblick« wird um einen Höchstpreis verkauft und findet seinen Platz im Kunsthistorischen Museum in Wien.
- Der »SC Wiener Victoria« wird nach einem 7 : 2 im Heimspiel gegen die Red Bulls österreichischer Fußballmeister.
- Das Bier von Frau Bärbl erhält den Güldenen Superior-Award der Royal Academy of Liechtenstein.
- Das Rutschen auf der Rutsche im Bebelhof wird olympische Disziplin der Internationalen Kinderwettspiele.
- Das Meidlinger L wird zum 27. Buchstaben des deutschsprachigen Alfabetes.
- Der von den Nazis ermordetete Norbert Futterweit erhält als Ehrenmeidlinger die Meidlinger Staatsbürgerschaft.
- Statt der virtuellen Tafel wird in der Belghofergasse 34 ein »richtiges« Erinnerungsschild für Gertrude Pressburger und ihre Familie angebracht.
- Vorliegendes Buch wird mit dem Zentralmeidlinger Ehschowissn-Orden ausgezeichnet!

Danksagungen:
Wir bedanken uns für wertvolle Hinweise bei Bettina Balàka, Prof. Hans W. Bousska, Prof. Dr. Vladimira Bousska, Violeta Dinev, Denis Djordjevic, Thomas Hofmann, Martin Keckeis, Thomas Köhlwein, Notburga Leeb, Alex Lellek, Hubi Löffler, Herbert Martini, Svjetlana Pranjic, Fam. Slatek, Barbara Marx, Bärbl Petretto, Eva Pappenscheller

Danke an Sebastian Maurer der edition a für die kostenfreie Zurverfügungstellung des Covers »Meine zwei Leben. Die wahre Geschichte der Eislady« von Estibaliz Carranza und Martina Prewein

Danke an Harald Seyrl vom Wiener Kriminalmuseum für die kostenfreie Zurverfügungstellung des Fotos von Schani Breitwieser

Tipp:
Schenken Sie Ihren Lieben einen Spaziergang in Meidling: Mehr finden Sie unter: https://austriaguidesforfuture.at

Literatur:

Günther Berger: »Meidling. Beiträge zur Kulturgeschichte des 12. Wiener Gemeindebezirkes«, Seite 103ff: Christine Busta; Peter Lang Europäischer Verlag der Wissenschaften; Frankfurt am Main, 2005

Egon Erwin Kisch: »Der rasende Reporter«, Berlin 1925

Christine Klusacek, Kurt Stimmer: »Meidling. Vom Wienfluß zum Wienerberg«, Mohl Verlag; Korneuburg, 1992

Hermann Kraszna: »Johann Breitwieser, ein Lebensbild. Nach mündlichen Bekenntnissen erzählt von Hermann Kraszna«; Wien 1925

Alfred Polgar: »Kleine Schriften Band 1«, Wien 1983

Gertrude Pressburger in »Gelebt, erlebt, überlebt«. Hg., Gertrude Pressburger und Marlene Groihofer; Zsolnay Verlag, 2018.

»Meidling, der 12. Wiener Gemeindebezirk in Vergangenheit und Gegenwart«, herausgegeben vom Meidlinger Heimatbuchausschuß, Wien 1930

»Meidling. Kulturwanderweg«, Hg. Bezirksvorstehung Meidling und Prof. Hans W. Bousska; Teil 1–3; Wien; 2004

»Meidlinger Spaziergänge um 15 v. Chr. Bis 1800«, Hg. Walter Roller; Wiener Verlag; Hirnberg; 1986

»Meidlinger Spaziergänge um 1800 biw 1900«, Hg. Walter Roller; Wiener Verlag; Hirnberg; 1985

»Meidlinger Spaziergänge um 1900«, Hg. Walter Roller; Wiener Verlag; Hirnberg; 1986

»Meidlinger Spaziergänge. Gegenwart und Zukunft«, Hg. Walter Roller; Wiener Verlag; Hirnberg; 1987

Internetnachweise bezogen auf unsere zeitlichen Zugriffe:

https://de.wikipedia.org/wiki/
Bovine_spongiforme_Enzephalopathie
https://www.podiumliteratur.at/die-porträts/
porträt-nr-9-elfriede-haslehner/
https://www.youtube.com/watch?v=uWzzbmvSpCQ
https://www.hanser-literaturverlage.de/autor/gertrude-pressburger/
https://www.geschichtewiki.wien.gv.at/Theresienbad
https://www.unesco.at/fileadmin/Redaktion/Kultur/
IKE/IKE-DB/files/507.pdf)
https://www.geschichtewiki.wien.gv.at/Grete_Salzer#
Christine Busta, Johanna Donahl, Hermann Leopoldi:
https://www.bing.com/images

Der Achter: https://www.bahnbilder.de/bild/oesterreic
h~stadtverkehr~strasenbahn-wien/584203/wien-wiener-stadtwerke-verkehrsbetriebe-wvb-sl-8.html; Fotograf Kurt Rasmussen

Bildnachweise

Estibaliz Carranza: Edition a
Ernst Karl: Arbeiterzeitung Nr. 89 vom 17. 4. 1968
Schani Breitwieser: Wiener Kriminalmuseum

.